见证

柯桥历史文化陈列选萃

汪永祥 著

浙江工商大学出版社
ZHEJIANG GONGSHANG UNIVERSITY PRESS

·杭州·

图书在版编目(CIP)数据

见证:柯桥历史文化陈列选萃 / 汪永祥著. — 杭
州:浙江工商大学出版社,2020.8
ISBN 978-7-5178-3957-6

Ⅰ. ①见… Ⅱ. ①汪… Ⅲ. ①文化史－柯桥区 Ⅳ.
① K295.54

中国版本图书馆 CIP 数据核字(2020)第 136376 号

见证——柯桥历史文化陈列选萃
JIANZHENG——KEQIAO LISHI WENHUA CHENLIE XUANCUI

汪永祥 著

责任编辑	沈敏丽
封面设计	浙江越生文化创意有限公司
封面题签	徐天进
责任印制	包建辉
出版发行	浙江工商大学出版社
	(杭州市教工路 198 号　邮政编码 310012)
	(E-mail:zjgsupress@163.com)
	(网址:http://www.zjgsupress.com)
	电话:0571-88904980,88831806(传真)
排　　版	浙江越生文化创意有限公司
印　　刷	绍兴市越生彩印有限公司
开　　本	787×1092mm　1/16
印　　张	16
字　　数	184 千
版 印 次	2020 年 8 月第 1 版　2020 年 8 月第 1 次印刷
书　　号	ISBN 978-7-5178-3957-6
定　　价	128.00 元

作者简介

汪永祥，男，浙江绍兴人，生于1971年2月，大学学历，中共党员，文博副研究员。1994—2003年，在绍兴县文物保护管理所工作；2004—2007年，在绍兴县博物馆（筹建办）工作；2007年到现在，在柯桥区文化发展中心（柯桥区文物保护管理所）工作。2015年7月，赴北京大学参加绍兴文博系统骨干培训班学习；2016年10月9日至29日，赴英国参加由省文物局组织的"文化遗产保护与利用"研究培训。长期从事文物保护修缮与利用、文化陈列方案编写、历史文化研究、文物鉴定等工作。现为柯桥区文化发展中心副主任兼柯桥区文物保护管理所所长。曾获"浙江省第三次全国文物普查先进个人""最美浙江文物守望者""柯桥区先进工作者"等荣誉称号。系浙江省考古学会会员、绍兴市考古学会理事、绍兴市文物鉴定组成员。

参加的省（部）级课题有："再碱化技术在历史建筑保护修复中的试验研究与应用""植物根系对凝灰岩石质文物机械化影响研究"。学术论文有《绍兴水街》《宋六陵大遗址保护与考古遗址公园建设的几点思考》《感恩与怜才：徐渭与张岱家族关系考》《越文化琐谈》《考古印证越窑青瓷衰亡成因》《绍兴天宝桥历史探究》《以王阳明墓为例谈古代墓葬建筑的变迁》等。

序

与永祥同志相识，缘于我分管多年文物保护工作。今受邀为《见证——柯桥历史文化陈列选萃》一书写序，有感于近10年柯桥区文物工作取得的可喜成绩，有感于永祥同志对文物工作的执着和热情，故欣然应允。

柯桥，春秋战国时期越国属地。秦行郡县，始置山阴县。南朝陈时，析为山阴、会稽两县，同城而治。民国建元，合山阴、会稽为绍兴县，辖区时有变动。2001年，绍兴县治迁至柯桥。2013年，国务院批复同意撤销绍兴县，设立绍兴市柯桥区。

柯桥之名，源于东汉蔡邕夜宿柯亭、竹椽为笛之典故。柯桥有着千年历史，黄酒飘香，运河流淌，阳明文化名扬海外，徐渭故事千古流传。

永祥从绍兴文理学院财会专业毕业后，投身到文物部门工作，可谓弃理从文，是人生的一次跨越，也是一次自我挑战。"敏而好学，不耻下问"，无论是文物考古发掘、文化陈列方案编写、文保单位修缮保护，还是全国文物普查、大运河申遗、文物鉴定，等等，永祥都是一步一个脚印地工作着，无怨无悔。他是"最美浙江文物守望者"，已成长为优秀的文物业务骨干，令人欣慰。

绍兴黄酒的历史源远流长。从越国"箪醪劳师"的米酒，魏晋之际的"女酒"，南朝时的"山阴甜酒"，宋朝官酿酒及民间盛行的竹叶青酒、瑞露酒、蓬莱春酒等，直至明清时"越酒行天下"

之元红酒、加饭酒、善酿酒、香雪酒等，一部绍兴黄酒发展史，从一定程度上来说就是绍兴经济、社会发展史。保护、传承好区域内现存珍贵的黄酒工业遗产功在当代，利在千秋。

大运河，柯桥区第一处世界文化遗产。其自西向东穿越柯桥境域，由古及今一直对绍兴经济、社会发展发挥着重要作用。古纤道，大运河重要遗产点，运河上一道最亮丽的风景线，浙东诗路文化带上的重要地标，越来越受到广大游客的青睐。

王阳明，心学之集大成者。著名学者杜维明断言，21世纪是王阳明的世纪。柯桥兰亭，阳明先生生前亲择、长眠之地，缅怀阳明先生，传承阳明思想，学习阳明心学智慧，在中华民族伟大复兴的当下，影响深远，意义重大。

徐渭，有明一代奇才。其在文学、书画、戏曲、军事等方面均独树一帜。其一生坎坷、悲壮，最终归葬于柯桥兰亭姜婆山麓。研究徐渭传奇的一生和其艺术成就，对于进一步挖掘、传承和弘扬柯桥名人文化将起到积极的引导作用。

"文章千古事，得失寸心知。"陈列文本需要在广泛的实地调查考证基础上，结合大量历史文献资料，通过作者的精心策划和构思，才能成为较为成熟的作品。永祥同志对颇具柯桥地域特色的四种文化元素进行溯源整理，编撰成书，倾注了大量心血。其收集资料之翔实、主题提炼之鲜明、框架构思之清晰、展示内容之丰厚、形式设计之新颖，赢得了业内同行和广大受众的好评。

柯桥区是全国文物工作先进县（区），区域内文物资源丰厚，文物遗迹遍布乡村山野。切实有效保护好祖先留给我们的珍贵文化遗产，任重道远，需要一代又一代"文物守望者"默默坚守阵地，无怨无悔辛勤付出。《见证——柯桥历史文化陈列选萃》的出版，将为读者多方面了解柯桥地域文化提供一个可资借鉴的载体。

　　党的十八大以来，习近平总书记就文物工作发表了一系列重要论述，做出多次重要指示批示，深刻阐述了加强文物保护工作的历史意义和时代价值，为做好新时代文物工作提供了根本遵循。作为全国文物先进县（区）的文物工作者，在有效做好文物保护的同时，要推进全区文物合理利用，传承中华优秀传统文化，在寻根溯源中更好地发展文化、传承文明，让人们通过文物记得起历史沧桑，看得见岁月留痕，留得住文化根脉，为积极推进柯桥区经济、社会、文化和生态文明全面发展做出文化人的贡献。

　　是为序。

绍兴市柯桥区人民政府副区长

2020 年 5 月

目 录

越酒

会稽

皇......范之两兴，肇自上
之宫莱，睿饭不尽委
羞气芳。郁绪咸味，久
由芳方。本出于此，不

江绕

绍兴黄酒史馆

01

概述

　　绍兴黄酒，历史悠久。1973年，余姚河姆渡遗址被发现，出土了大量人工栽培稻和陶制杯、盉、鬶等可盛酒的容器，后又有绍兴马鞍、萧山跨湖桥、诸暨尖山湾和嵊州小黄山等新石器时代遗址相继被发现。这些遗址中，或有可盛酒容器出土，或有人工栽培稻发现。由此证明，绍兴黄酒源自史前农业文明。春秋战国时期，越王勾践用酒奖励生育，增强国力；投醪劳师，激励士气。东汉永和五年(140)，会稽太守马臻围堤筑成鉴湖，把会稽山溪水汇集于湖，为绍兴酒酿造提供了优质、丰沛的水源。魏晋之际，北方动乱，南方相对安定，北人南渡，会稽成了名士荟萃之地。其时，士族中很多人回避矛盾和斗争，主清谈玄理，饮酒之风大盛，出现了一些庄园酿酒工场。南北朝时，制成"山阴甜酒"。宋代推行宽榷酤政策，鼓励各地酿酒，酒业兴旺。明清之际，鉴湖沿岸各类酿坊陆续出现，大街小巷酒肆林立，黄酒行业走向鼎盛。清代初期，绍兴黄酒行销范围已遍及全国各地，有"越酒行天下"之说。20世纪80年代以来，黄酒产量骤增，远销海外，绍兴黄酒迎来了新的发展时期。

第一部分 稽山鉴水 孕育名酒

　　绍兴地处东南沿海,南为连绵不断的会稽山,北为平原水网地带。东汉会稽太守马臻围堤蓄水,筑成鉴湖,自此,沼泽之地变成鱼米之乡。古鉴湖方圆 800 里,后因历代造田填湖,湖面有所缩小,现长为 20 余千米,宽约 300 米,但仍不失为一个大湖。湖水清清,碧波粼粼。

　　会稽山区大小数十条溪流汇集于鉴湖内,湖水沿途渗入岩层、土壤,溶入了不同微量元素,再辅以湖底泥炭层净化作用,湖水变得清澈甘冽,硬度适中。绍兴酒习惯上为冬酿,此时天气寒冷,水中浮游生物及其他有机杂质含量较少,水质稳定,最适宜酿酒。

　　鉴湖水中的微量元素不但在酒的生产过程中起作用,而且在酒的贮存醇化过程中也起到一定作用。酒中的蛋白质在残存蛋白酶的作用下能产生氨基酸,使绍兴酒更加芬芳浓馥。这些微量物质的存在,不仅使绍兴酒在色、香、味方面有别于其他黄酒,而且使其更具有保健作用,非其他黄酒所能及。这些优越的自然环境和独特的鉴湖水质,是自然界对绍兴的恩施,其他地方是难以仿制绍兴黄酒的。

会稽山

　　说明："禹会诸侯江南,计功而崩,因葬焉,命曰会稽。"会稽山由此
而名。其位于绍兴北部平原南部,区内数十条溪流顺势而下汇集于鉴
湖,因而鉴湖水含有多种微量元素,对绍兴酒质量产生了不可替代的
作用。

鉴湖(泗龙桥段)

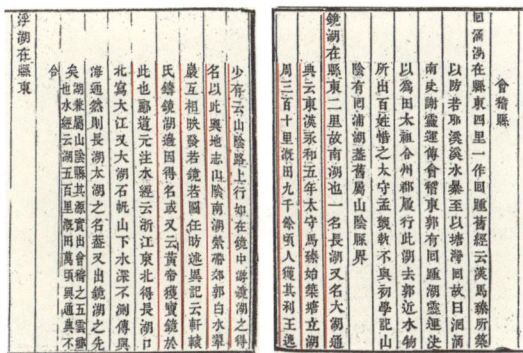

《嘉泰会稽志》中有关鉴湖的记载

说明： 鉴湖又称镜湖，由东汉会稽太守马臻主持修筑而成，因东晋大书法家王羲之（字逸少）"山阴道上行，如在镜中游"诗句和《述异记》中记载的"轩辕氏""黄帝"相关传说而得名。旧时酿酒，主要取鉴湖之水。据检测，鉴湖水中含有人体必需的多种微量元素，有铁、锌、铜、铬、硒、钴、钼、锶等，其中钼与锶的含量高出一般地下或地表水许多倍，它们在制酒过程中可作为酶的组成部分或作为酶反应中的激活剂参与酶的活动，去催化酿酒中的生化过程，从而对绍兴酒的质量产生积极的影响。

马臻塑像

说明： 马臻（88—141），东汉永和五年（140）会稽太守。其到任之初，详考农田水利，发动民众，开凿鉴湖。湖周长358里，堤长127里，上蓄洪水，下拒咸潮，旱则泄湖溉田，使山会平原9000余顷良田得以旱涝保收。同时，它也为绍兴酿酒提供了丰富的水源。

第二部分 酒之源头 始于自然

我国酿酒历史悠久,酒业兴旺,是世界酿酒史上最古老、最发达的国家之一。酒先是自然界的一种产物,是原始人类剩饭于空桑中偶得。晋代江统在《酒诰》中说:"酒之所兴,肇自上皇……有饭不尽,委余空桑,郁积成味,久蓄气芳,本出于此,不由奇方。"随着人工栽培稻的出现,粮食自给有余,先人摸索到了酿酒技艺,开始了人工酿酒。距今7000多年的河姆渡遗址

原始人类发现了酒

场景说明:画面大环境为一片原始森林。左角为山洞,右偏中位置为干栏式草屋。画面中间位置有两个原始人,两人间的地面上放置一陶制酒坛,散发着迷人的酒香。其中一人单膝着地,右手手指放在嘴边做品尝状,左手伸直指向酒坛;另一人站立着,右手挠头,左手曲指并指向酒坛。

酒源自自然,是自然界的产物,是我们的祖先剩饭于空桑中偶得。惊人的发现,芳香的酒味,确实令先人惊喜而又诚惶诚恐。

中,发现了大量人工栽培稻和陶制盉、杯、鬶等可盛酒器皿,由此提供了人工酿酒的实物依据。在整个酒业发展历程中,不同历史时期,历代政府从政治、经济、社会发展要求出发采用了"绝旨酒"、专卖酒、征收酒税、降低酒税等不同的政策法令,影响着酒业的兴衰,最终推动酿酒业的发展。

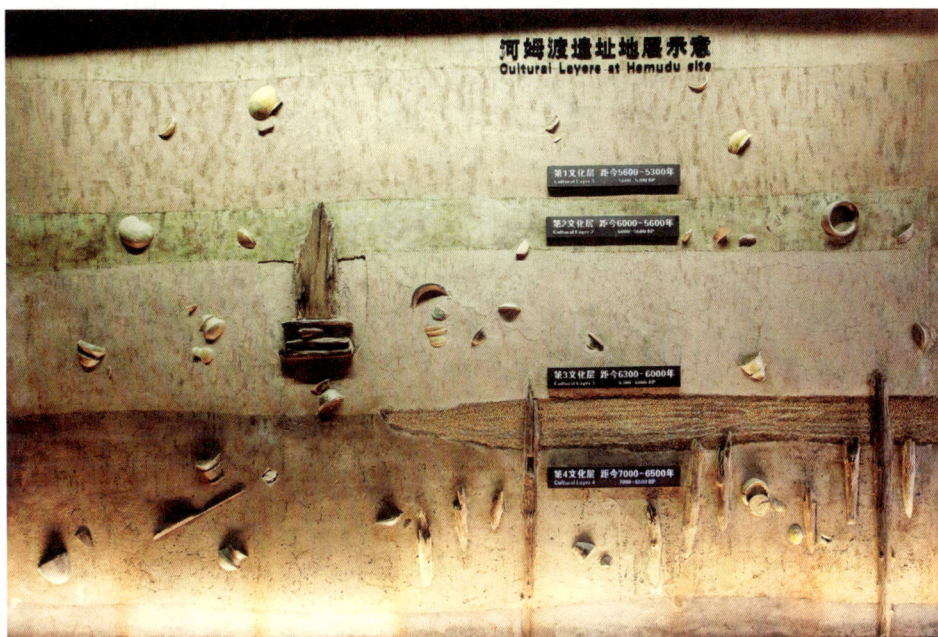

河姆渡遗址文化层堆积

说明:河姆渡遗址文化层分四层。第一文化层为黄褐色灰土,厚0.1—1.05米,土层中夹有泥质灰陶杯和少量陶片;第二文化层为黄绿色土,厚0.2—0.35米,土层中夹有少量陶片及夹砂红陶盉等器物;第三文化层为砂质灰土,厚0.65—1.15米,土层中夹有小口深腹单耳钵等器物及陶片;第四文化层为黑褐色灰土,厚1—1.65米,土层中夹有夹炭黑陶罐形盉等器物。第四文化层上部有一层谷壳、稻秆、稻叶稻谷堆积物。河姆渡遗址发现的大量人工栽培稻和陶制盉、杯、鬶等盛酒器皿,为人工酿酒提供了实物依据。

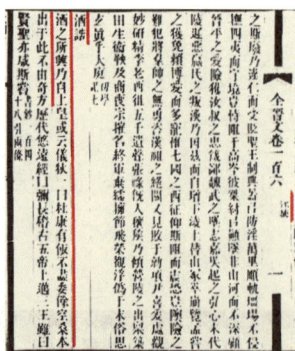

晋代江统《酒诰》中关于酒起源的记载

说明：《酒诰》是人类历史上最早的关于酒起源的一部史书。

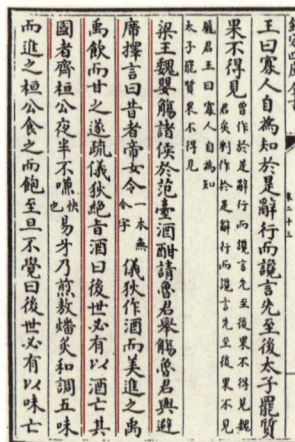

《战国策·魏策二》中关于"绝旨酒"的记载（《四库全书》文渊阁）

说明："绝旨酒"，传说中夏禹提出的最早关于酒的政策。

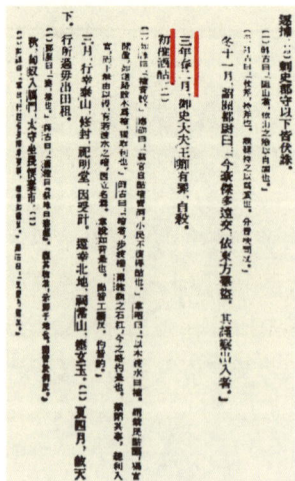

《汉书·武帝本纪》中关于初榷酒酤的记载

说明：汉武帝时期的"初榷酒酤"政策是历代酒类专卖和征收酒税的起源。

宋史卷一百八十五

志第一百三十八

食貨下七

酒 阬冶 礬 香附

酒 宋榷酤之法：諸州城內皆置務釀酒，縣、鎮、鄉、閭或許民釀而定其歲課，若有遺利，所在多請官酤。三京官造麴，聽民納直以取。

陳滑蔡潁隨郢鄧金房州、信陽軍舊皆不榷。太平興國初，京西轉運使程能請榷之，所在置官吏局署，取民租米麥給釀，以官錢市薪槱及吏工奉料。歲計獲無幾，而主吏規其盈羨，及醞齊不良，酒多醨薄，至課民婚葬，量戶大小令酤，民甚被其害。歲儉物貴，殆不償其

志第一百三十八 食貨下七 四五一三

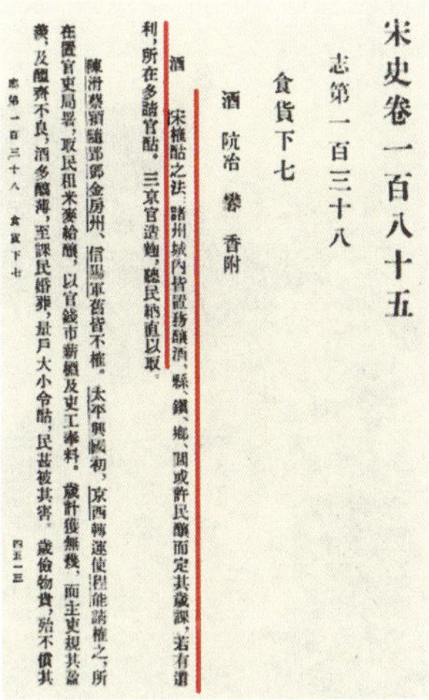

《宋史·食货志》中关于宋代酒政策的记载

说明:宋代政府“把酒税作为重要财政收入,积极提倡和鼓励酿酒”的政策,促进了绍兴酿酒业全面发展。

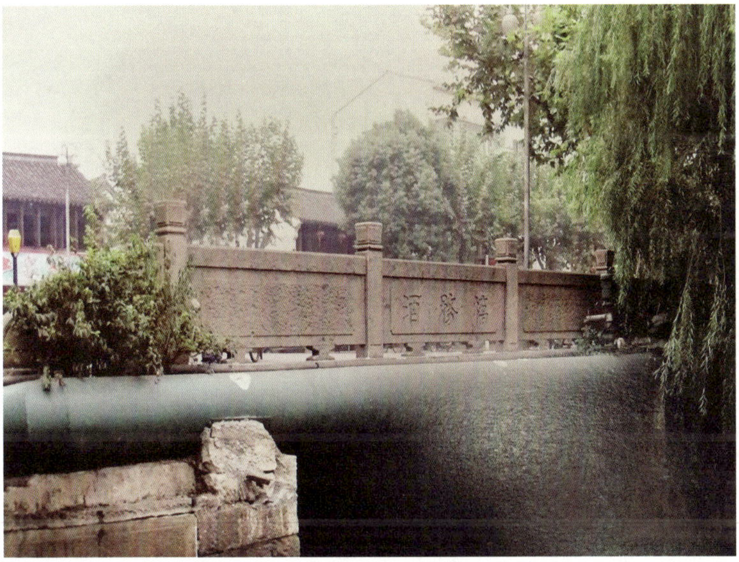

酒务桥

说明:酒务桥位于绍兴市越城区人民西路,因宋朝时位于越州城内所设的酒务署所在地而得名。今古桥已毁,此桥为 20 世纪 90 年代在遗址上重建的新桥。

古轩亭口

　　说明：据《嘉泰会稽志》和《越中杂识》记载，古轩亭口原称候轩亭，为宋朝所设之酒库所在地。酒库为管理酿酒和批发酒的场所。

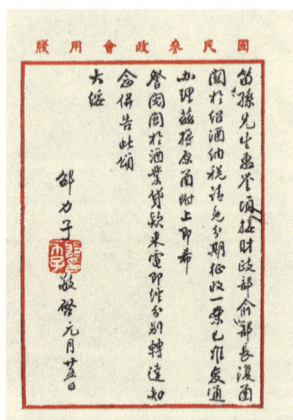

民国时期财政部对绍兴酒降税的文件

　　说明：民国时，国民政府财政部发文对绍兴酒实行降税政策，以鼓励绍兴酒业发展。此文由中国近代著名政治家、教育家邵力子先生执笔。

第三部分 历代酒具 变幻各异

　　人类自从有了酒,也就有了酒具。早期酒具是与食具、饮具互相通用的。到后来随着社会经济、文化的发展,出现了专用的酒具。

　　陶器是最先进入人类生活的用具。酒器亦先从陶器开始。陶鼎、陶釜、陶壶、陶罐、陶杯是最典型的酒具。

新石器时代 三足陶鼎(盛酒器,马鞍古文化遗址出土)

新石器时代 圆底陶釜（盛酒器，马鞍古文化遗址出土）

新石器时代 泥质红陶条纹凹底罐（盛酒器，马鞍古文化遗址出土）

新石器时代 夹砂红陶圈足壶(盛酒器,马鞍古文化遗址出土)

商代 印纹陶圆底罐(盛酒器,2004年绍兴平水平江村出土)

战国时期 印纹陶杯（饮酒器，绍兴出土）

　　铜质酒具：当历史进入商、周时代，统治阶级十分重视祀神祭祖、燕宴庆典。这些活动都离不开酒，这就需要各种酒具。其时，青铜器盛行，酒具多用青铜制作，如青铜鼎、青铜卮、青铜壶等。

春秋战国时期 青铜异形鼎（盛酒器，绍兴出土）

汉代 青铜卮（饮酒器，绍兴出土）

汉代 青铜壶（盛酒器，绍兴出土，腹部铭文为"巨黄氏壶一只"）

越窑及明清酒具：绍兴是越窑青瓷发祥地和主要产区。越窑自东汉晚期烧制出青瓷后，为绍兴酒提供了优质盛贮器和饮用器皿。唐宋时，越窑瓷业走向鼎盛，器物造型雅致、美观，色泽青翠晶莹。在优美的越窑器皿中，注以澄清的绍兴酒，色泽十分和谐，给人以美的愉悦，助长了饮酒的情趣。元、明、清三代，彩色瓷不断涌现,其五彩缤纷,品种繁多,并随着金银和其他质地酒具的不断涌现,出现了多种储盛、饮酒器皿。盛贮酒器具代表性的有青瓷盉、青瓷壶(包括鸡头壶、盘口壶等)、青瓷瓿、青瓷坛、青瓷罐及青瓷尊等;饮酒器具代表性的有青瓷豆、青瓷盅、青瓷碗、青瓷耳杯等;烫酒器主要有铜器、锡器、瓷器等。

西周时期 原始青瓷豆(饮酒器,1996 年绍兴县州山余家坪出土)

战国时期 原始青瓷盅(饮酒器,绍兴出土)

战国时期 原始青瓷盉(盛酒器,1987 年绍兴县上蒋乡出土)

战国时期 原始青瓷壶(盛酒器,2002 年绍兴县漓渚镇小步村出土)

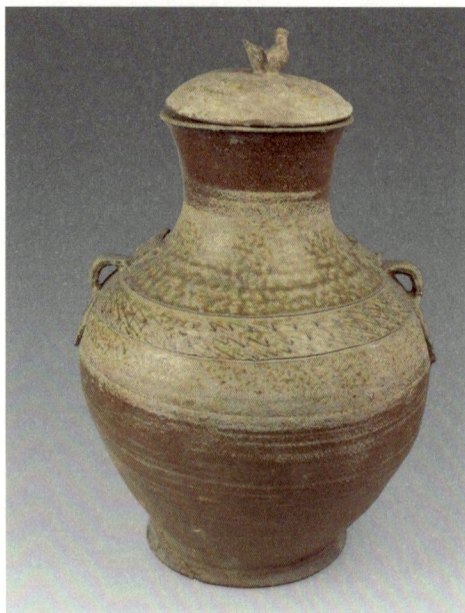

西汉　带盖原始瓷壶（盛酒器，绍兴出土）

西晋　青瓷谷仓（盛酒器，绍兴出土）

西汉 原始瓷瓿(盛酒器,1990年绍兴县鉴湖乡清水闸村出土)

东晋 青瓷蛙形尊(盛酒器,1990年绍兴县陶堰派出所收缴)

西晋 青瓷鸡头壶（盛酒器，绍兴出土）

东晋 青瓷鸡头壶（盛酒器，1987年绍兴县平水镇杨滩村出土）

晋代 褐釉大坛（盛酒器，2002 年绍兴县漓渚镇小步村出土）

东晋 青瓷耳杯（连盘）（饮酒器，1999 年绍兴县平水镇庄前村出土）

三国时期 青瓷双耳罐（盛酒器，1990 年绍兴县福全镇王家山头村出土）

南朝 青瓷小碗（饮酒器，绍兴出土）

唐宋时期 青瓷碗（饮酒器，绍兴出土）

唐代 青瓷盘口壶（盛酒器，2006 年绍兴县平水镇平阳村出土）

元代 龙泉窑青釉玉壶春瓶（盛酒器，征集品）

宋代 龙泉窑青瓷碗（饮酒器，2002 年绍兴县富盛镇北山村出土）

南宋 青白瓷碗（饮酒器，2002 年绍兴县兰亭镇兰亭村出土）

清代 铜制烫酒壶（烫酒器，征集品）

清—民国 锡制烫酒壶（烫酒器，征集品）

清代 均釉葫芦瓶（盛酒器，征集品）

第四部分　水乡泽国　庆典酒俗

随着社会的发展，酒逐渐成为皇家庆典、士族聚会以及民间婚嫁喜事、商业利市、春播秋收、岁末年关请神祭祖的必需品。

春秋战国时期，越王勾践伐吴胜利，置酒文台，举杯庆功，群臣同乐。

东晋永和九年(353)，会稽内史王羲之邀请朝中名流孙绰、谢安等众多好友，在兰亭雅集，曲水流觞，饮酒赋诗，成就天下第一行书《兰亭集序》。

魏晋之际，竹林七贤隐居山林，饮酒吟诗，借酒寄情。

大禹治水，功绩卓越。夏王启首创祭禹祀典；秦始皇"上会稽、祭大禹"；康熙、乾隆亲临绍兴祭禹；民国祭禹改为特祭，每年9月19日举行，一年一祭；1995年，中华人民共和国成立后第一次祭禹，后每五年一祭；自2005年始，祭禹改为每年公祭；2007年开始，公祭大禹典礼升格为国家级祭典，标志着中华民族祭祀先祖形成了"北有黄帝陵，南有大禹陵"的格局。其间，敬酒、献酒都是典礼所必需的议程之一，酒又是必备之祭品。

绍兴酒俗源远流长，内容丰富，乡土气浓。绍兴人以酒为礼，以酒庆贺，以酒祈福，以酒为祭，形成了婚嫁酒、端午酒、拜月酒、祝福酒、春牛酒等多姿多彩的民风习俗。

王羲之曲水流觞图

说明：晋永和九年(353)阳春三月，书法家王羲之偕谢安、孙绰等人，在兰亭修禊仪式后，在兰亭清溪两侧席地而坐，将盛了酒的觞放在溪中，由上游浮水徐徐而下，经过弯曲的溪流，觞在谁面前打转或停下，谁就即兴赋诗饮酒。最后，王羲之将大家的诗集起来，挥毫作序，乘兴而书，写了举世闻名的《兰亭集序》。此作被后人誉为"天下第一行书"，王羲之也由此被称为"书圣"。

竹林七贤饮酒图（场景）

竹林七贤图（拓片）

说明： 竹林七贤是指魏末晋初的七位名士，阮籍、嵇康、山涛、刘伶、阮咸、向秀、王戎。因其常在当时的山阳县（今河南辉县一带）竹林之中喝酒、纵歌，恣意酣畅，世谓七贤，后与地名竹林合称。据记载，阮籍、阮咸叔侄两人曾隐居绍兴柯桥阮社一带，阮社地名及咸籍桥等文物遗迹由此而生。

民国时期祭禹

说明： 民国时期，虽时局不稳，但仍将祭禹提到重要的议事日程上来。1919年，孙中山在胡汉民的陪同下瞻仰了大禹陵。1930年，浙江省省长张载阳提出祀禹事，又有社会各界名流发起"尊禹学会"，倡导大禹精神，于是，1933—1934年大修禹庙，成就今日禹庙之规模。1935年10月16日，浙江省各界在大禹陵举行了民国时期规模最大的一次公祭大禹活动，浙江省政府主席黄绍竑主持了祭祀典礼。1936年，绍兴县政府建议每年9月19日为绍兴各界祭禹之期，得到省政府批准，并于此日举行祭祀典礼。1939年3月29日，一代伟人周恩来冒着抗日烽火回到阔别已久的故乡，拜谒了大禹陵庙，并对大禹陵高度评价。

1995年祭禹（中华人民共和国成立后第一次祭禹）

　　说明：1995年4月20—21日，浙江省暨绍兴各界在禹庙举行中华人民共和国成立之后的首次公祭大禹活动。典礼开始，鸣铳9响，寓意大禹治平洪水，定九州不朽功绩；击鼓33响，代表全国各个地区；撞钟12响，代表着12亿中华儿女对大禹的无限崇敬之心。在鼓乐声中，参祭人员向大禹敬献储藏百年的佳酿——绍兴黄酒。全国政协副主席钱正英、孙孚凌，中央有关部委、浙江省、绍兴市的各级领导，以及各民主党派等1000余人出席公祭典礼。

2005年祭禹（开始每年公祭）

说明：1995年公祭大禹之后，在绍兴形成了一种风俗，即十年一大祭，五年一小祭，年年有民祭，采取公祭与民祭相结合的方式。自2005年开始，改为每年公祭。2005年、2006年，时任浙江省委书记习近平对公祭大禹活动做出重要指示，成为浙江弘扬、传承大禹精神新的动力，翻开了浙江精神的新篇章。2007年3月1日，文化部回复浙江省人民政府，同意2007年公祭大禹典礼由文化部、浙江省人民政府主办，绍兴市人民政府承办。从2007年开始，公祭大禹典礼升格为国家级祭典。

民间酒俗·婚嫁酒俗（场景）

　　说明：绍兴婚俗颇有地方特色。旧时传统的婚姻一般经历做媒、定亲和结婚三个阶段，而各个阶段的礼节礼数又很讲究，且总离不开酒。如女儿出嫁前需拜祖行礼，出嫁时送"女儿红"酒作为嫁妆；婚礼时需宴请亲朋好友吃喜酒，新郎新娘还要向长辈们、宾客们敬酒；新郎新娘"入洞房"需喝"合卺酒"。

民间酒俗·岁末年初时祭神"祝福"（场景）

　　说明：岁末除夕前的祭神活动从凌晨开始，用两张八仙桌拼成祭桌，在盘形盛器内放上鸡、肉、鱼三种祭品，讲究的再加上鹅及羊肉，当地称为"五牲福礼"，旁放年糕、粽子，再在上面放三盏茶、六盏酒，点燃香烛。家族中男丁依辈分大小，逐个跪拜叩头，女子则要回避，拜毕焚烧纸元宝等。

民间酒俗·春牛节（场景）

　　说明：旧时选定农历二月初三日为"春牛节"。这一天，农户给牛披红戴绿，牛角上挂两盏彩灯，系上红绸牛绳，牵着耕牛游街。前有百姓敲锣打鼓，后有地方士绅鱼贯相随，有的知县也参与其中与民同乐。乡亲们笑脸相迎，农家普遍办酒相互吃请。自此表明春耕生产开始。

东浦老街迎酒仙神会

　　说明：东浦酒仙神会是以迎神赛会形式组织的一种群众性活动，也是一种酒类推销、酒技交流的展销会，其历史久，规模大，每年农历七月初六到初八在东浦戒定寺举行。是日，戒定寺前，各村男女纷至沓来，烧香拜佛。迎神人员待吉时一到就把打扮一新的酒仙菩萨送上停泊在庙前河埠的龙舟，此时，锣鼓齐鸣，爆竹齐燃，水陆两路迎神队伍浩浩荡荡沿村、沿酒坊而行。龙舟每过一家酒坊，酒坊就把早准备好的一坛佳酿赠给他们，以作报偿。同时，人们还会在龙舟经过的河中争先汲取"福水"，分享祭酒仙的"福礼"，以消灾免祸，祈求家运兴盛。

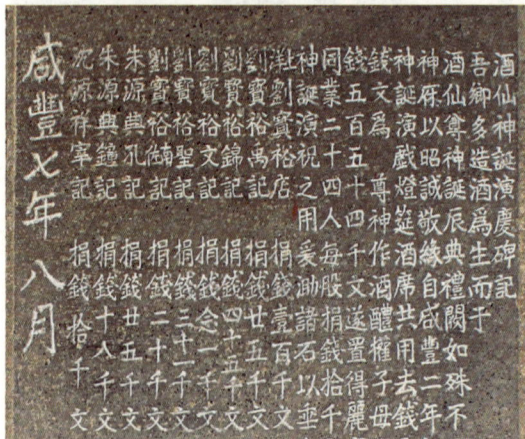

东浦酒仙神会"酒仙神诞演庆碑记"

说明:该石碑位于绍兴东浦酒厂酒仙碑亭内,碑文记载的是清咸丰二年(1852)至六年(1856)东浦举行酒仙神会的相关史实及捐款等内容。

第五部分　酒乡醉乡　酒坊酒肆

西周在发布禁酒令的同时，设置了酒正、酒人等官吏，宫廷设立酒府，此为早期酒坊；晋时，会稽出现庄园酿酒工场；唐时，越州有"醉乡"之美誉；宋代，随着酒制有所改动，酿酒遍及民间；明清时期，绍兴酿酒业迅速发展，云集、孝贞、汤源元、叶万源、高长兴、谦豫萃、王绍淇等一些著名的大酿坊陆续出现，并在外地开设酒坊等分支机构。与此同时，这些大酒坊开始注册商标，用坊单的形式宣传自己的产品。民国时期，绍兴酒业一度比较活跃，出现了担负维权、申请专利等职责的酒业商会等组织，促进了绍兴酒的发展。

随着酒业的发展，越中酒肆也相继涌现。宋代酒肆日益讲究，并成规模。明清时期，绍兴酒铺遍布城乡各地，到处酒旗飘扬。民国后，酒铺酒店更是丰富多彩，成了寻常百姓生活的一部分。

随着对酒的质量要求的逐渐提高，酿酒技术也不断发展、完善。而绍兴酒酿酒工艺极为考究、繁杂，是一代又一代人不断积累经验，不断改进提高生产技术、制作工艺的结果，从而形成了绍兴酒如今独特的堪称"天下一绝"的酿酒工艺，令国内外许多地区难以模仿而只得拍手叫绝。

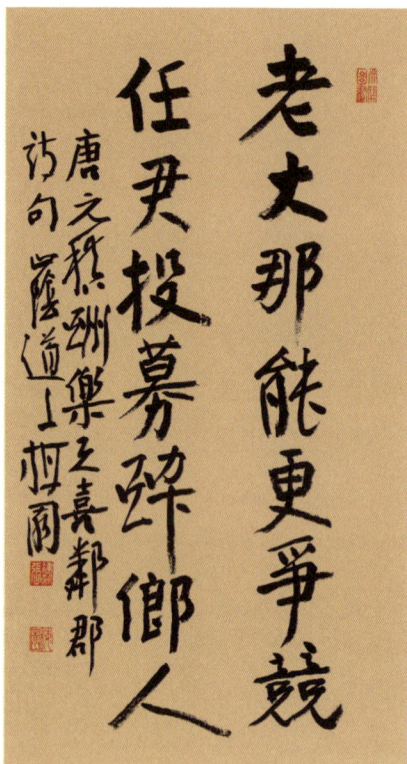

唐代元稹的《酬乐天喜邻郡》

说明：唐长庆年间，元稹时任越州刺史兼浙东观察使时所写，图示书法作品为后人书录，非元稹手迹。

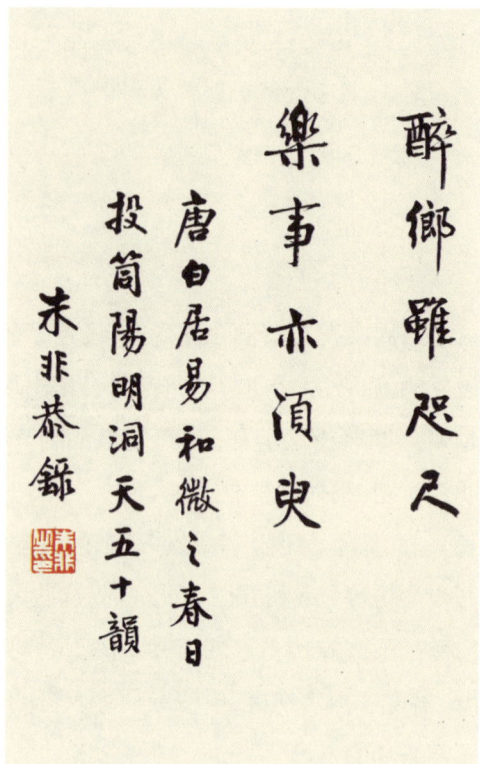

唐代白居易的《和微之春日投筒阳明洞天五十韵》

说明：唐长庆年间，白居易任杭州刺史时所写，图示书法作品为后人书录，非白居易手迹。

说明：元稹和白居易都是中唐时期著名诗人，他们交情甚深，世称"元白"。长庆二年至四年(822—824)，白居易在杭州任刺史，元稹任越州刺史兼浙东观察使，二人诗筒往来，酒诗唱和，即将诗放在竹筒内，以诗代书，往返传递，互致问候，互通音讯，其中不少内容飘溢着酒的芳香，反映了他们诗酒为乐的生活。上述两首诗中的诗句就是他们对"醉乡"越州之赞美，由此，"诗筒传韵"成了中国文学史上的一段佳话，越州"醉乡"之名传颂遐迩。

明、清、民国时期绍兴主要大酒坊分布

酒坊名称	地点	酒坊坊主	年代
孝贞酒坊	东浦	余氏	明弘治年间
孝贞升记酒坊	东浦	余嘉礽	民国初年
王宝和酒坊	东浦	王桂臣	清乾隆年间
越明酒坊	东浦		清代
贤良桂记酒坊	东浦	陈如桂	明末清初
诚实德记酒坊	东浦	陈阿奎	清末民国初
汤源元酒坊	东浦	汤松卿	清乾隆年间
汤源元茂记酒坊	东浦	汤本初	清乾隆年间
汤源元兴记酒坊	东浦	汤贻安	清光绪年间
陈忠义龙记酒坊	东浦	陈正龙	清同治年间
中山酒坊	东浦		清代
云集酒坊	东浦	周佳木	清乾隆年间
云集信记酒坊	东浦	周清	民国初年
叶万源酒坊	湖塘	叶十万	明代
叶万源复生记酒坊	湖塘	叶拾珊	清光绪年间
叶万源复生酒厂	湖塘	叶瑞济	民国
田德润酒坊	湖塘		明代
章万润酒坊	湖塘		明代
沈永和酿坊	绍兴市区	沈良衡	清康熙年间
沈永和酒坊	绍兴市区	沈酉山	清光绪年间
沈永和墨记酒坊	绍兴市区	沈墨臣	清光绪年间
章东明酒坊	柯桥阮社	章东明	清乾隆年间
高长兴酒坊	柯桥阮社	高文初	清康熙年间
高长兴浩记酒坊	柯桥阮社	高浩卿	清末民国初
善元泰酒坊	柯桥阮社		清光绪年间
茅万茂酒坊	柯桥阮社		清代
萧忠义酒坊	柯桥双梅		清代
潘大兴酒坊	柯桥双梅		清代
谦豫萃酒坊	马山	朱鹤汀	清光绪年间
方柏鹿酒坊	马山		清代
言茂元酒坊	马鞍		清代

清—民初绍兴一些著名大酿坊在外地开设的分支机构（酒店、酒行、酒庄、酒栈）

酒坊名称	开设地点	分支机构名称	开设年代
东浦玉宝和酒坊	上海小东门咸瓜街	王宝和酒店	清乾隆年间
东浦孝贞酒坊	上海东门外	孝贞酒店	清乾隆年间
东浦云集信记酒坊	上海抛球场	德兴昌酒栈	清光绪年间
	天津侯家后	德顺培酒局	清光绪年间
	广州毫半街	大兴号寄售所	清光绪年间
	北京延寿街	京兆荣酒局	清末民初
	北京巾帽胡同	玉盛酒栈	清末民初
	北京煤市街	复生酒栈	清末民初
	北京梅杨竹斜街	源利酒栈	清末民初
	北京	杏花春大酒菜馆	清末
	北京	斌升楼大酒菜馆	清末
东浦汤源元酒坊	汉口	茂记酒店	清光绪年间
	杭州	兴记酒店	清光绪年间
阮社章东明酒坊	上海小东门外	章东明酒行	清道光年间
	上海闸北	章东明南号、北号酒行	清道光年间
	天津侯家后	全城明记酒庄	清道光年间
阮社高长兴酒坊	上海、杭州	高长兴酒馆	清乾隆年间
湖塘叶万源酒坊	宁波江佑街	馥生酒栈、恒丰酒栈	清末

　　清光绪三十年(1904)，清政府颁布《商标注册试办章程》，商标注册自此开始。当时绍兴各酿坊，如高长兴、孝贞、叶万源、谦豫萃、汤源元、沈永和等，采用坊单的形式宣传自己的产品，单上写明酿坊的历史、品种、简单酿法、坊主姓名及酿坊牌号。注册商标盖有印章，酒坛外壁或泥头上盖有圆的或方的朱红色牌记，以示与别的品种相区别。以后，随着商标法的不断完善，绍兴酒的商标逐渐规范化，并呈现出丰富多彩的面貌。

谦豫萃酒坊 "梅鹤" 商标图

谦豫萃酒坊主人朱鹤汀先生像

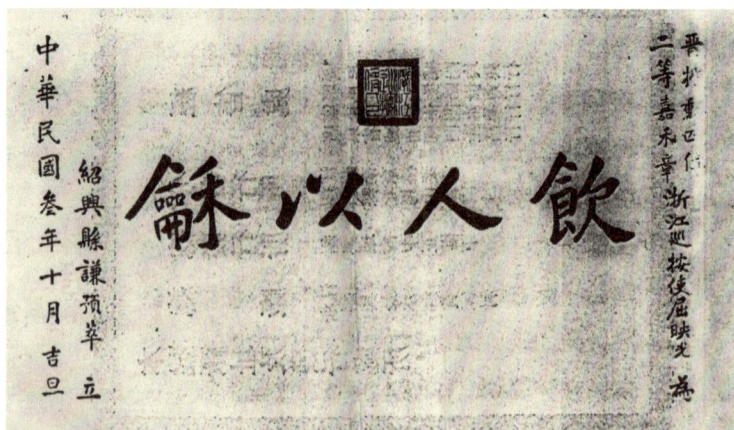

谦豫萃"饮人以龢"匾额

说明：谦豫萃酒坊位于绍兴马山，创立于清光绪年间，创始人为朱鹤汀。酒坊所产绍兴酒曾获南洋劝业会颁发的金奖。民国三年(1914)，浙江巡按使屈映光为谦豫萃酒坊题"饮人以龢"匾额一方。"梅鹤"图案为酒坊特制商标图。

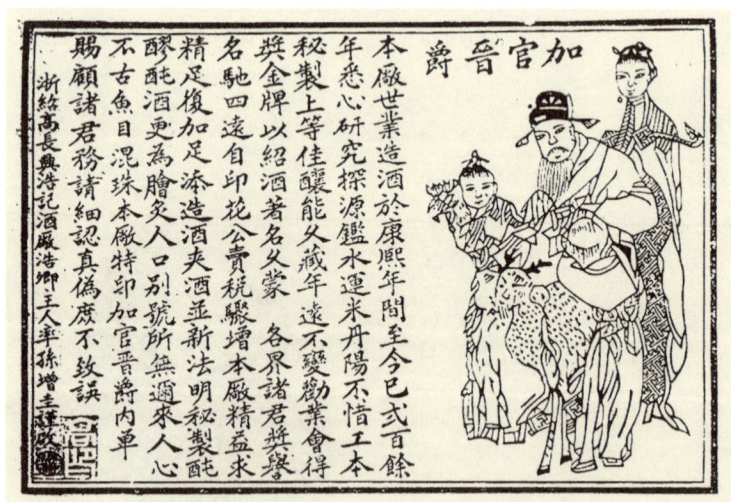

清康熙时期高长兴酿坊的"加官晋爵"坊单

说明：高长兴酒坊位于绍兴柯桥阮社，创立于清康熙年间，创始人为高文初。其有"浩记"酒坊等分号。"加官晋爵"系清末民初高长兴浩记酒坊为区别于其他绍兴酒而专制的坊单。

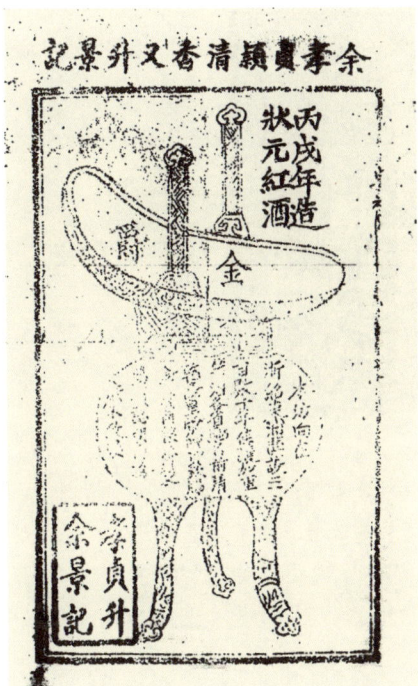

东浦孝贞酒坊的"金爵"坊单

说明：孝贞酒坊位于绍兴东浦，创立于明正德年间，创始人为余氏，有"升记""可记"酒坊等分号。其生产的竹叶青酒、状元红酒较受欢迎。据传，酒樽"金爵"系乾隆皇帝品尝了孝贞酒坊的竹叶青酒后御赐。自此，"御赐金爵"成为孝贞酒坊绍兴酒的商标。该坊单（商标）是为识别酒坊和产品真伪而制作。

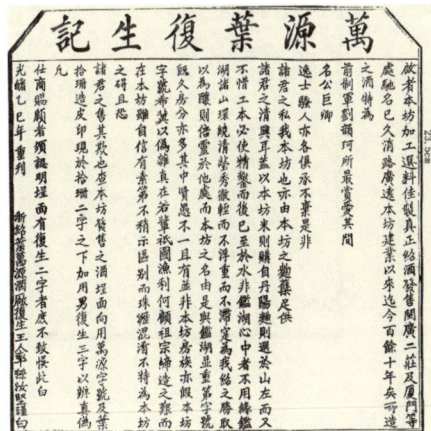

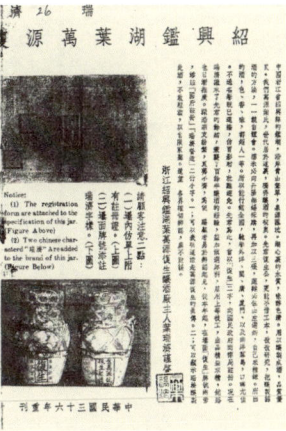

湖塘叶万源复生酒厂坊单

说明：叶万源酒坊位于绍兴湖塘，创立于明代，创始人为叶十万，有"复生记"酒坊等分号。上述坊单为清光绪年间叶万源复生记酒厂和民国时期叶万源复生酒厂特制。

东浦汤源元兴记酒坊坊单牌印

说明:汤源元兴记酒坊位于绍兴东浦,创立于清乾隆年间,创始人为汤松卿,有"兴记""茂记"酒坊等分号。该牌印系汤源元兴记酒坊坊单牌印,制作于清光绪年间,用拷木雕刻而成,重300克,长17.7厘米,宽14厘米,厚2.2厘米,牌印上书有233个字。

沈永和酒坊"老寿星"商标图、坊单

说明:沈永和酒坊位于绍兴城区,创立于清康熙年间,创始人为沈良衡,有"墨记"酒坊等分号。上述"老寿星"坊单、商标系清光绪年间沈永和墨记酒坊制作,其所产绍兴酒曾获南洋劝业会颁发的金奖。

1928年大坛花雕酒及坊单照片

说明：该坛花雕酒系20世纪70年代，绍兴酿酒总公司于厂区扩建时在一大户人家废旧夹墙内发现的一坛老酒。根据坛内坊单显示，此酒为1928年沈永和酒厂酿造。坊单主要描述了一些不法酿商唯利是图，仿绍兴酒，以避较高的绍兴酒酒税，沈永和酒坊不计重税，自加勉励酿酒，精益求精，在坛外特盖用月泉小印泥盖，内并封入坊单，以区别于其他绍兴酒等内容。

1969年东方红酒厂"特加饭酒"坊单

说明：东方红酒厂于1967年由沈永和酒厂改名而来。20世纪60年代初，绍兴酿酒业积极贯彻国民经济调整方针。1965年，绍兴县撤销谦豫萃、柯桥、青田湖等酒厂，翌年，云集酒厂改名为东风酒厂，1967年，沈永和酒厂改名为东方红酒厂。70年代初，绍兴、东风、东方红3家酒厂组成绍兴酿酒厂，东方红酒厂自此消失。该酒厂原址位于绍兴市区偏门鉴湖街，现已不存；坊单原存放于"新王宝和酒厂"（位于绍兴斗门老三江闸西侧）酒库内坛装酒坛中，主要介绍了绍兴酒的历史、特点及储藏、运输需注意的问题等内容。

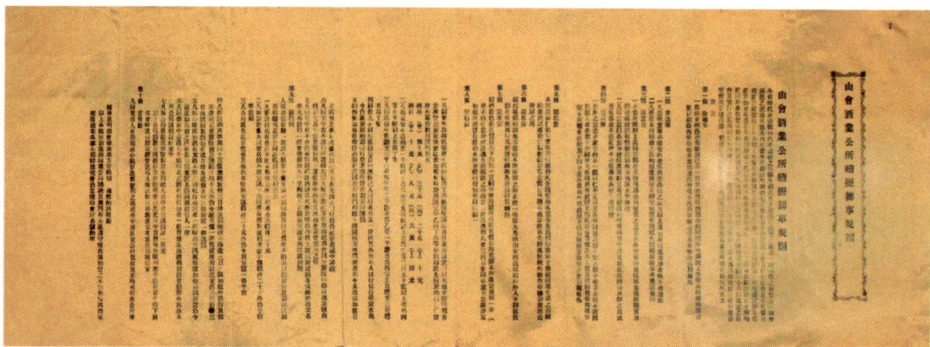

民国时期的《山会酒业公所续拟办事规则》

说明：山会商务分会是当时绍兴第一个商会组织，于清光绪三十一年(1905)成立，在全国属于成立比较早的地方商会，集司法解释、消费者维权、工商管理、物价管理、税收管理、申请专利等职责于一身。山会酒业公所为其中之一。

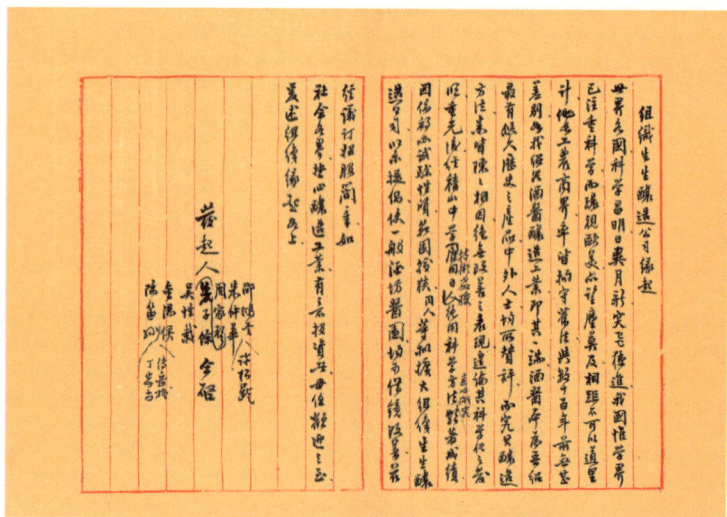

民国时期的《组织生生酿造公司缘起》

说明：该文件主要介绍了组织生生酿造公司成立的原因——绍兴酿酒方法陈旧，应采用更科学的技术和方法加以改善，以便绍兴各酒坊、酱园借鉴，并呼吁社会各方投资参与科学技术的试验、研究。

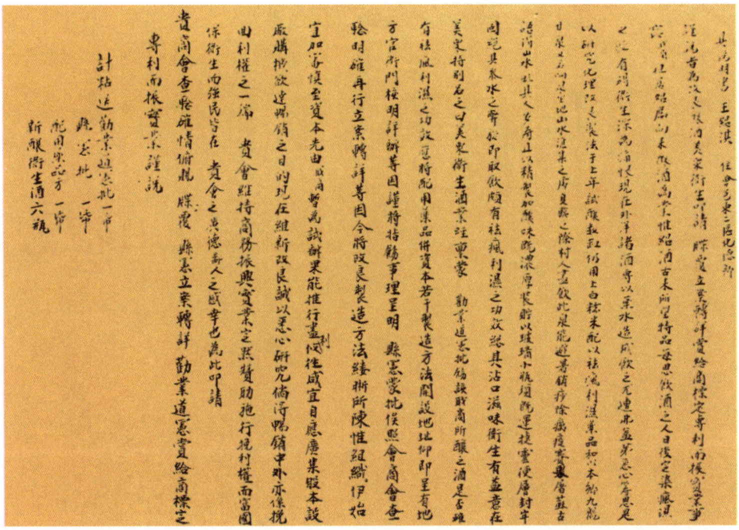

民国时期的《王绍淇酿制美生酒说明书》

勤業道　蕭批
廠商王紹淇稟改良釀酒請立案由
據稟已悉該廠商所釀衛生酒是否確有袪病利濕之功效應將所用藥品呈
縣發驗所稱集資推廣究竟資本若干每歲釀酒若干及製酒方法開設店
舖地址均未聲敘明白礙難遽行立案仰即遵照指飭事理呈有地方官衙
門核明詳辦可也

會稽縣正堂　陳批
候照會商會查驗明確再行立案轉詳

粘抄所用藥品方
猪苓
澤瀉
茯苓
山查
虎骨
木瓜

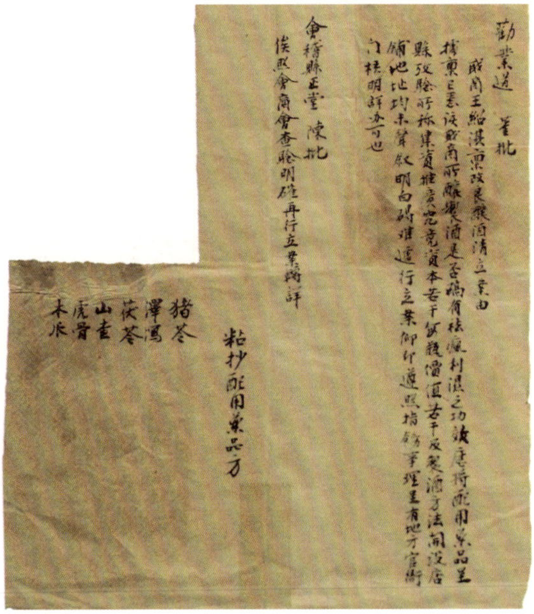

民国时期王绍淇改良酒批文

说明：王绍淇酿酒作坊是成立于清晚期会稽县乌石村的老字号酒作坊，以酿制美众卫生酒著名。宣统二年(1910)，其曾向山会商务分会申请商标、专利书。

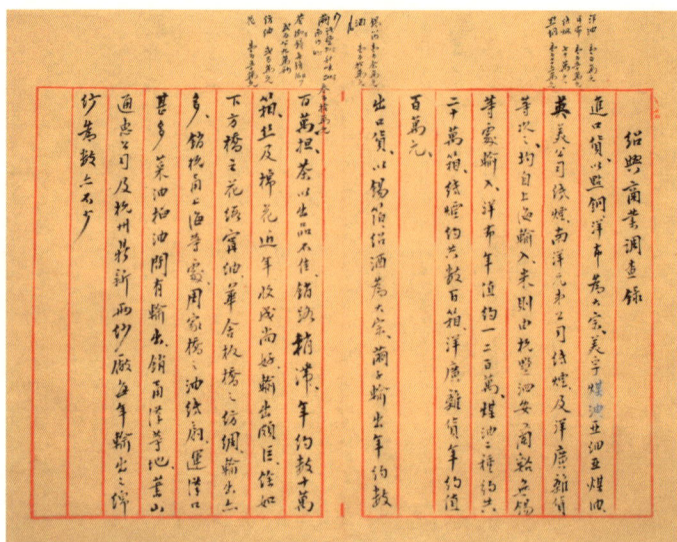

民国时期"绍兴商业调查录"——绍兴酒出口产量记录

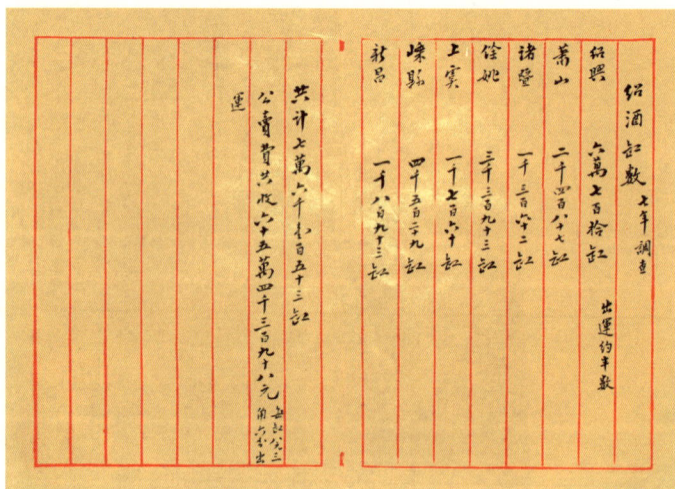

民国七年(1918)绍兴酒缸调查录

说明： 据绍兴酒业中老年工作者回忆，中华人民共和国成立前六七十年间，绍兴的酿酒业有一段兴衰起伏的历史。民国初到1945年抗战胜利期间，绍兴酒除了1931年产量稍有回升，绍兴东浦、湖塘、阮社、柯桥、绍兴城区等地酒产量达到12万缸(不包括家酿)，其余均因战乱、社会动荡或酒税较重等而下降、停酿或损失严重。上述调查记录正反映了民国时期挣扎中的绍兴酒业产量情况。

汉代画像砖酒肆图（拓片）

说明：图中右侧为一酒肆，内悬两壶；下有一台面，上置一物，下有两壶。酒肆内一人着冠，伸手做售卖状；酒肆外一人也着冠，宽衣博带，做接物状，当为沽酒者。其左侧一人椎髻，短衣裤，推一独轮车做回顾状，车上置一方瓮。画面左上侧也有一个椎髻短衣裤之人，肩荷一壶做奔走状，其右侧有一嬉戏儿童。

宋代酒楼（模型）

说明：宋代酒楼一般为两层楼，装饰豪华考究。从图中可见，门外有骑马者、坐轿者及众多步行者纷至沓来，室内张灯结彩，灯烛辉煌，有多桌饮酒场面，并有专人招待。

宋代散酒店（模型）

　　说明：宋代散酒店一般为平屋，内设桌、凳及酒柜。图中还可见卖酒人员及买酒饮酒者。

宋代脚店（模型）

　　说明：脚店为过往客人开设，具有饮酒兼住宿的双重作用，一般楼上住宿楼下饮酒。

游山西村
陆　游

莫笑农家腊酒浑，丰年留客足鸡豚。

山重水复疑无路，柳暗花明又一村。

箫鼓追随春社近，衣冠简朴古风存。

从今若许闲乘月，拄杖无时夜叩门。

　　说明：此诗是南宋文学家、史学家、爱国诗人陆游闲居山阴时描写山西村一带田园风光和处处酿酒、酒业兴盛的日常生活情景而作。据调查，宋时山西村大致位置在今绍兴东浦壶觞村附近。

鉴湖"三山"风景图（场景模型）

说明："三山"即现绍兴东浦行宫山、韩家山、石堰山一带。宋代伟大爱国诗人陆游曾长期居住于此，写下了"三山镜湖上，出郭无十里"等众多诗句。明清时期，"三山"一带酒业兴盛，街市繁华，其中最有名的有"跨湖桥酒店""埭西酒店""旗亭酒店""镜湖酒店"等。

明清时期酒店一条街（场景）

说明：该场景按明清时期建筑风格及装修设施，结合绍兴传统酒店、酒铺的地方特色，恢复了明清时期酒店一条街街景，并重点恢复数间店面摆设，如曲尺形柜台、板桌、条头木凳、爨筒等温酒器。

咸亨酒店

　　说明：该照片拍摄于20世纪80年代初。咸亨酒店系清光绪甲午年(1894)鲁迅堂叔周仲翔等在绍兴城内都昌坊开设的一家小酒店。店主取《易经》中"含弘光大，品物咸亨"的两字为店名，寓意生意兴隆，万事亨通。1981年，鲁迅先生100周年诞辰之际，咸亨酒店老店新开，其建筑风格依旧，屋檐下正中悬挂白底黑字"咸亨酒店"四字横匾，当街曲尺形柜台，柜端置有直书"太白遗风"的青龙牌。柜台内头戴乌毡帽、面带笑容者为新开酒店的第一任经理。

福兴酒店

　　说明：该照片摄于中华人民共和国成立初期。酒店位于绍兴昌安门外。店内有曲尺形柜台，数名酒客悠然畅饮，好不自在。柜台一端置直书"金樽玉"匾额一块，寓意酒店所卖老酒质量好，均为"金樽玉液"。酒店内堂墙上悬挂善酿、香雪、糟烧、加饭酒等的价目表。这是当时非常典型的城乡小酒店。

《汉书·食货志》中关于汉代古法做酒的记载

释读："请法古，令官作酒，以二千五百石为一均，率开一卢以卖，酿五十酿为准，一酿用粗米二斛，曲一斛，得成酒六斛六斗。各以其市月朔米曲三斛，并计其贾而参分之，以其一为酒一斛之平。"

汉代画像砖酿酒图（拓片）

说明：画面中的场景为一酿酒作坊在酿酒。屋子正中为酿酒大缸，一妇人双臂挽袖，左手扶缸，右手在缸内搅动，其右一人伸开双臂做投曲状（或做其他工作）。画面前方为酒炉，炉前站立一人，看着炉内正在酿制的酒。左后侧一人推着独轮车，车上置酒或酒渣向外运走。

汉代画像砖滤酒图（拓片）

　　说明：酿酒业是两汉时期规模较大的一项手工业，当时的酒肆酒坊分布极广，饮酒之风盛行。宴请、祭祀、日常生活等都与酒息息相关，酒在当时几乎成了生活的必需品。汉墓出土的大量汉画像砖图像等，证明在汉代酿酒已有一定的规模，酿酒饮酒习俗盛行，酿酒业逐渐迈入专业化阶段。在汉代，官僚或政府都有自己的酿酒作坊，酒坊面积大、工人多，整个制酒过程也更加规范，所酿的酒除了供自身所需外，大多还用于售卖。

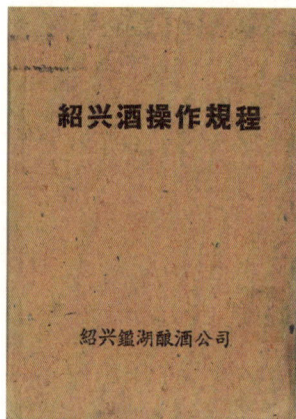

　　说明：绍兴鉴湖酿酒公司位于绍兴湖塘，其前身为 18 世纪初由章经国、章纬国兄弟在湖塘鉴湖岸边创建的章氏酒作坊。公司至今还留存着众多清代老建筑和一批传统酿酒工具。此书籍于 2004 年征集。

1959 年绍兴鉴湖酿酒公司所编的《绍兴酒操作规程》

绍兴酒工艺流程

绍兴酒是以糯米为原料,经酒药、麦曲中多种有益微生物的糖化作用酿造而成的一种低酒精度的发酵原酒。按工艺,绍兴酒可分为淋饭酒和摊饭酒两种,而正式酿制的绍兴酒即摊饭酒,又称"大饭酒"(因采用将蒸熟的米饭倾倒在竹簟上摊冷的操作方法,故称摊饭制酒)。摊饭酒以酒药发酵制作,淋饭酒醅做酒母(俗称酒娘),一般在"大雪"节气前后开始酿制。其工艺流程一般为:糯米—过筛—浸渍—蒸煮—摊冷—落缸—前发酵—后发酵—压榨—澄清—煎酒—成品。

制曲

场景说明:选用颗粒饱满小麦,磨成小颗粒,放入木盆,用水拌匀,压实成团,外包稻草,放入干爽室内,紧闭门窗,半月后成。使用时放入石臼内舂碎即可。

浸米

场景说明:将淘干净的糯米放入大缸内浸泡,半个月左右沥起,等候蒸煮。图中为酒坊(厂)晒场上,数名酿酒工人正在用木棒进行搅拌,使米均匀,以防结块。

蒸饭

场景说明:将浸泡沥干后的糯米放入木甑,此时要求灶口火势旺盛,15—16分钟后等候摊冷。画面中有几位酿酒工人正在蒸饭,木甑旁放着数箩浸泡后的糯米。

摊冷、落缸

场景说明：将蒸煮好的米饭在竹簟上摊开，以便冷却。数日后将其连同清水、浆水、麦曲、酒母一起放入已经准备好的大缸，不断搅捣，使之均匀。画面中为酒坊（厂）仓库内，两名酿酒工人正在将摊冷后的米饭放入大缸内，数名工人正在用木耙搅捣。

发酵、开耙

场景说明:这是整个酿酒工艺中最关键也是较难掌握的一项技术活,必须有酿酒经验非常丰富的老师傅把关。发酵分前后发酵,中间需灌坛,发酵时间约 90 天;开耙须适时,要根据发酵过程中各种成分适时适量的生成而进行。图中系酒坊(厂)仓库内,部分酒缸用稻草盖封盖着;部分酒缸已启盖,酒缸上放着开耙工具,数名酿酒工人正在发酵的酒缸内用木耙搅捣开耙,以泄蒸汽。

榨酒

场景说明:压榨又称过滤,一般在农历正月初开始。经80多天的发酵,酒醅已趋成熟,此时的酒醅糟粕已完全下沉 。但因酒液和固体糟粕仍混在一起,必须通过压榨把液体和固体分离开来。压榨出来的酒液称为生清(生酒),还免不了含有少量的固形物(渣滓或酒脚),须放入缸内加入糖色,搅匀静止2—3天进行沉淀,然后取上清液煎酒。画面中上图为传统榨酒工艺,一根大木榨,一端压上几块榨酒石,木榨中放着灌入酿成的原料酒的丝料袋,通过压榨去其渣滓。下图为现代机械化榨酒工艺,两位工人正在机械作业。

煎酒

场景说明： 煎酒又称杀菌。这是酿酒的最后一道工序，目的是通过加热的方法将生酒中的微生物杀死，并破坏酶，将酒中各种成分基本固定下来，以防止黄酒在储存期间变质，同时促进酒的老熟，并使部分可溶性蛋白凝固，经储存而沉淀下来，使酒的色泽更为清凉透明。画面中上图为铁锅煎酒和数名工人在对酒坛消毒杀菌，下图为用来给灌入老酒后的酒坛封口的荷叶竹箬。

运酒、入藏

　　场景说明： 将煎好的老酒灌入酒坛中用荷叶等封口后，在日光下晒之，至泥头晒干后即用手拉车等运入仓库内储藏。画面中上图为正在晒泥头的数坛黄酒，一位工人正拉着装满黄酒的酒坛准备入藏；下图为已入藏的黄酒，坛堆如山，等待来年开坛畅饮。

酿酒工具

木榨、浸米桶、绸袋、饭甑、开耙工具、木担桶、扎钩扁担、挽斗、硬牙床、灰帚、漏斗、洗帚。

决定绍兴酒质量的四大要素

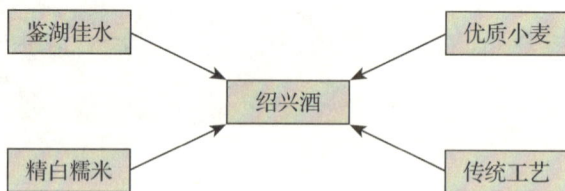

```
鉴湖佳水 ──→        ←── 优质小麦
              绍兴酒
精白糯米 ──→        ←── 传统工艺
```

说明：

鉴湖佳水：有"酒中血"之称。

精白糯米：有"酒中肉"之称。

优质小麦：有"酒中骨"之称。

传统工艺：有"酒中魂"之称。

第六部分　历代佳酿　酒中瑰宝

在漫长的历史发展过程中,绍兴酿酒业不断总结经验,改革创新,以质取胜,以质取信。目前,绍兴黄酒已成为国宴专用酒,是中国黄酒的代表。从春秋战国时期古越国的"越醪"、晋时"女酒"、南朝的"山阴甜酒"、宋时的"竹叶青""蓬莱春",直至近现代的"加饭""善酿""状元红""香雪""女儿红"等,都说明了绍兴黄酒品类繁多,名品辈出,历史悠久,经久不衰。同时,经过不断的努力,绍兴酒参加了国内外多项评奖活动,获得了一系列荣誉。

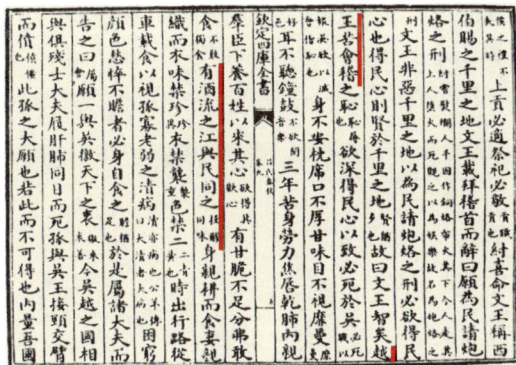

《吕氏春秋·顺民》中关于越王用酒与民同乐的记载

释读:"越王苦会稽之耻……有酒,流之江,与民同之。"

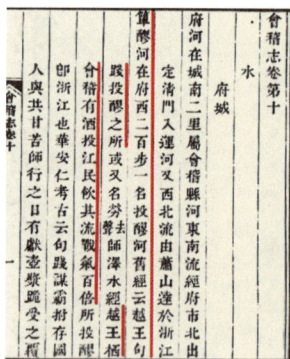

释读："越王栖会稽，有酒投江，民饮其流，战气百倍"，史称"箪醪劳师"。醪是一种带糟的浊酒，即米酒。

《嘉泰会稽志》中关于越王勾践"箪醪劳师"的记载

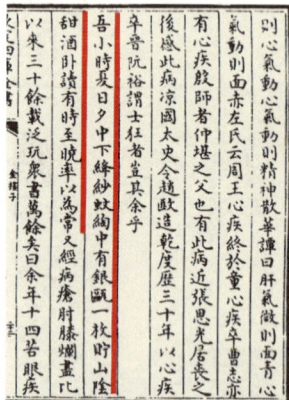

释读："吾小时，夏日夕中下绛纱蚊绸，中有银瓯一枚，贮山阴甜酒。卧读有时至晚，率以为常。"

梁元帝萧绎的《金楼子》（《百子全书》本）中关于"山阴甜酒"的记载

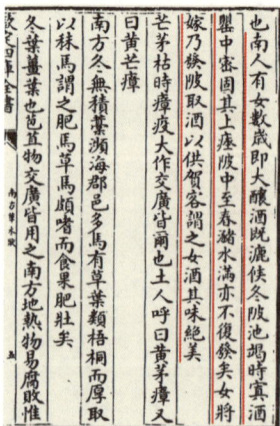

释读："南人有女数岁，即大酿酒，既漉，候冬陂池竭时，置酒罂中，密固其上，瘗陂中，至春潴水满，亦不复发矣。女将嫁，乃发陂取酒，以供贺客，谓之女酒，其味绝美。"

晋代嵇含的《南方草木状》中有关女酒的记载（《四库全书》文渊阁）

蓮花（又水堂上尊也）邠州靜照堂又玉泉慶州江漢堂又瑤泉
同州清洛又清心堂淮南揚州百桃廬州金城又金斗
城又杏仁江南東西宣州琳腴又雙溪江寧府芙蓉又
百桃又清心堂處州谷簾洪州雙泉又金波杭州竹葉
清又碧香又白酒蘇州木蘭堂又白雲泉明州金波越
州蓬萊潤州蒜山堂湖州碧瀾堂又雪溪秀州月波三
川成都府忠臣堂又玉髓又錦江春又浣花堂梓州瓊
波又竹葉清劍州東溪漢州簾泉合州金波又長春渠

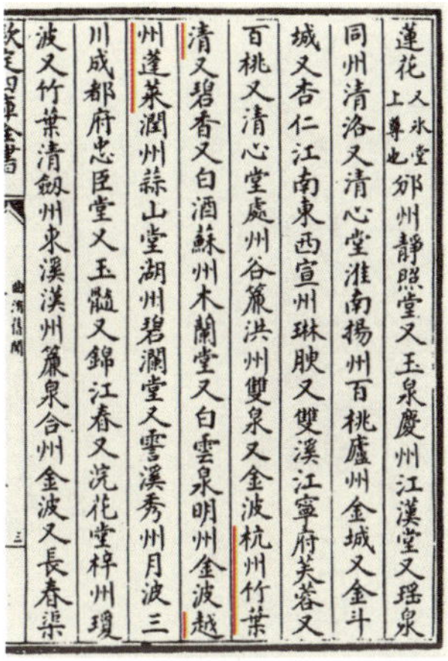

宋代张能臣的《酒名记》中有关“杭州竹叶青、越州蓬莱”的记载

出門即以此酒陪嫁余已載其說於浪跡續談中近聞杭
人言是男家所釀直至娶婦時以此酒為納幣之需故謂
之女兒酒則其說微有不同嗣閱格致鏡原所引投荒雜
錄云南人有女數歲即大釀酒既漉候冬陂池水竭時寘
酒罌密固其上瘞於陂中至春漲水滿不復發矣候女將
嫁因決陂水取供賀客謂之女酒味絕美居常不可致也
似即世所傳女兒酒矣惟紹興舊志載有荳酒薏苡酒地
黃酒鯽魚酒諸名而荳酒之名最著其法以綠豆為麴統
名之曰老酒又有名蕭釀者蕭山縣金井為徐氏園邑人
釀酒多汲此水是以蕭釀與越釀並重名酒記云越州蓬
萊酒蓋即今之紹興酒今人鮮有能舉其名者矣

火腿

今人饋送食物單中有火腿者率開蘭薰幾肘初笑其造
作不典而不知其名乃自古有之趙學敏本草綱目拾遺
云蘭薰俗名火腿出金華六屬皆有出東陽浦江者更佳
有冬腿春腿之分前腿後腿之別冬腿可久留不壞春腿
交夏即變味久則蛆腐蓋金華人多以木甑撈米作飯其
飯湯醲厚專以飼豬兼飼豆渣糠屑或煮粥以食之夏則
兼飼瓜皮菜葉故肉細而體香凡茅船漁戶所養尤佳名
船腿較小於他腿味更香美煮食之其香滿室東陽縣志

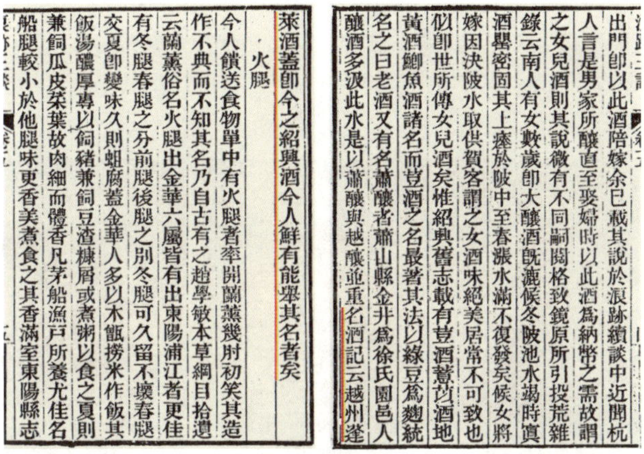

清代梁章钜的《浪迹三淡》中有关“越州蓬莱春”之赞美（续修《四库全书》）

释读：“越州蓬莱酒，盖即今之绍兴酒，今人鲜有能举其名者矣。”

渔父词

赵　构

青草开时已过船，锦鳞跃处浪痕圆。

竹叶酒，柳花毡，有意沙鸥伴我眠。

说明：绍兴元年（1131）七月初十，赵构至会稽，因览黄庭坚所书张志和《渔父词》而作诗文。诗中提及了“竹叶青酒”。

元红酒（各种典型包装）

　　说明：元红酒旧时称状元红，始于明末，盛于清，因坛壁外涂朱红而得名，是绍兴酒的代表品种，属于干型酒，发酵完全，含糖量少，其酒液澄黄，芳香，味甘爽，微苦，酒精度为16%—18% (V/V)。

加饭酒（各种典型包装）

　　说明：加饭酒始见于清代，此酒因以元红酒为基础，原料配比中减少配水量，增加饭量而得名。此酒由于饭多水少，制成的酒酒精度高，含糖量多，故酒质特醇，俗称"肉子厚"。其酒色橙黄带红，如琥珀般透明晶莹，浓香馥郁，醇厚甘鲜，酒精度为17.5%—19.5%(V/V)。

香雪酒（各种典型包装）

说明：香雪酒又称"盖面"，始于明代，后在1912年由周清云集酒坊试酿成功后开始面市。此酒是以陈年糟烧代水酿制而成的双套酒，因酒糟色如白雪而得名。其酒液淡黄清亮，芳香幽雅，味醇浓甜，酒精度为17.5%—19.5%(V/V)。

善酿酒（各种典型包装）

说明：善酿酒古称酎，又名酴醿，或称酒合酒、双套酒，始于清代，由清代沈永和酒坊(1890)始创。该酒以贮存1—3年的陈元红酒代水酿制而成，因含"母子之原义"，又合"和气生财，积善积德"之意而得名。酒色深黄清亮，奇香芳郁，质地特浓，口味甜美，酒精度为15%—17% (V/V)。

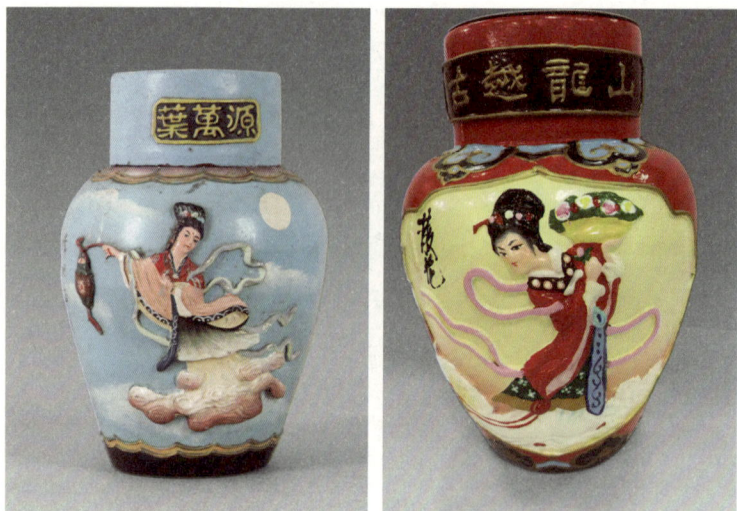

花雕酒（各种典型包装）

　　说明：花雕酒从古时"女酒""女儿酒"演变而来，清时命名为花雕酒，因其酒坛外面常有山水、人物、花鸟或历史人物故事等五彩雕塑，内贮加饭陈酒或香雪酒。

女儿红（各种典型包装）

　　说明：女儿红由晋时"女酒""女儿酒"演变而来，根据江浙一带古老习俗（当生女之时，选酒数坛，泥封窖藏，以兆吉祥，待孩子长大出阁时，以窖藏陈酒款待宾客，美其名"女儿红"）创制而成。该酒有加饭花雕、糟烧等品种，"陈、醇、专"是女儿红酒最本质的特色。

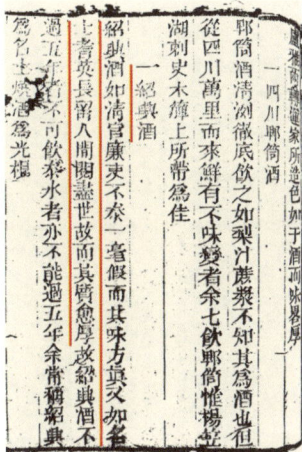

清代袁枚的《随园食单》中有关绍兴酒的记载

释读： "绍兴酒如清官廉吏，不参（掺）一毫假，而其味方真，又如名士耆英，长留人间，阅尽世故而其质愈厚。"

清代梁章钜《浪迹续谈》中有关绍兴酒的记载（续修《四库全书》）

释读： "今绍兴酒通行海内，可谓酒之正宗……至酒之通行，则实无他酒足以相抗。"

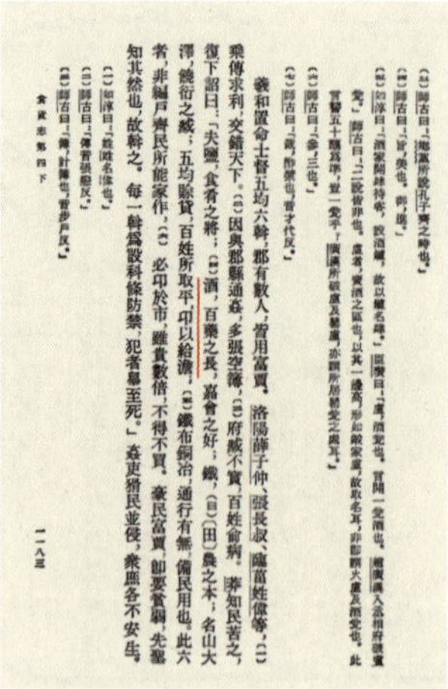

《汉书·食货志》中有关绍兴酒的营养、医疗保健功能的记载

释读："酒，百药之长。"

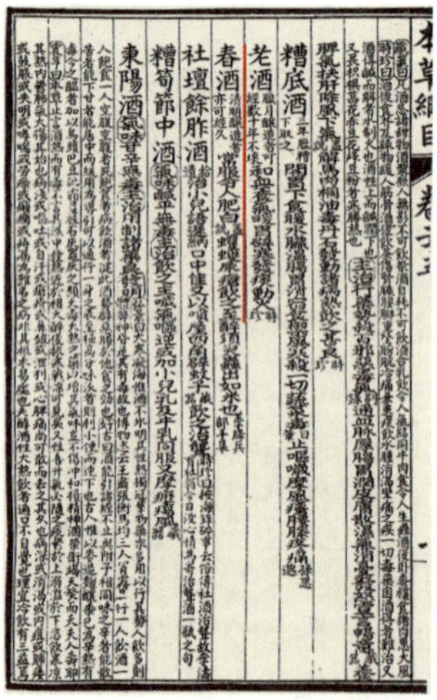

《本草纲目》中有关绍兴酒的营养、医疗保健功能的记载

释读：老酒"腊月酿造者可经数十年不坏，和血养气……暖胃辟寒……"

```
                          绍兴酒功效
            ┌───────────────┴───────────────┐
         营养价值                        医疗保健功能
   ┌──┬──┬──┬──┬──┬──┬──┐         ┌──┬──┬──┬──┐
  热  脂  氨  蛋  碳  维  无         驱  助  安  舒
  量  肪  基  白  水  生  机         寒  消  神  筋
          酸  质  化  素  盐             化  镇  活
                  合      及                 痛  血
                  物      微
                          量
                          元
                          素
```

```
┌──┬──┬──┬──┬──┬──┬──┬──┬──┬──┐
治  治  治  治  治  治  治  治  治  其
胃  再  肾  腰  妇  产  血  红  皮  他
寒  生  虚  肌  女  后  瘀  肿  肤
病  障  腰  劳  产  晕  闭  热  病
    碍  痛  损  后  倒  经  痛
    性      疼  体
    贫      痛  弱
    血
```

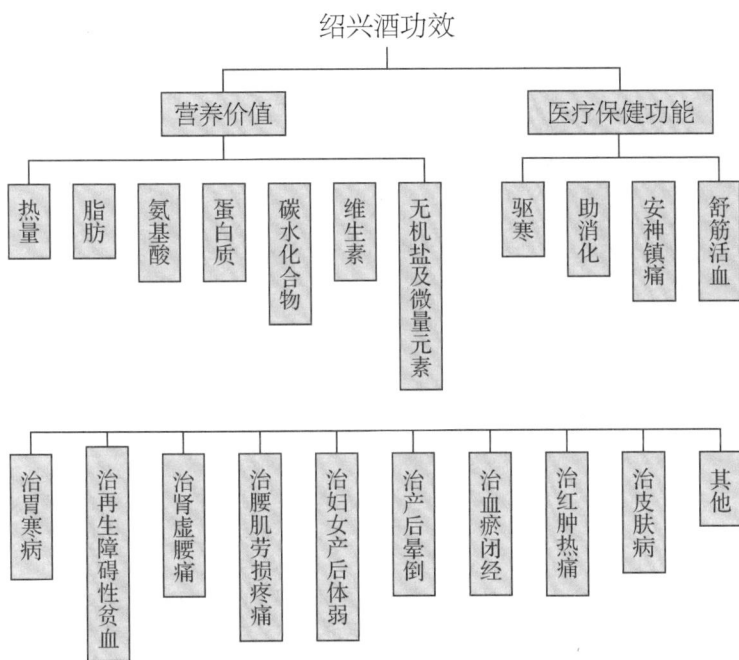

绍兴酒获奖情况

1915 年,云集信记酒坊获巴拿马太平洋万国博览会金奖。

1986 年,古越龙山绍兴酒在第十二届国际食品博览会上获金奖。

1988 年,会稽山牌绍兴酒获中国首届食品博览会金奖。

1992 年,会稽山牌绍兴酒获日本国际酒类博览会金奖。

1993 年,女儿红牌绍兴酒获法国里昂第 65 届国际食品博览会金奖。

1994 年,会稽山牌绍兴酒获巴拿马太平洋万国博览会金奖。

1994 年,会稽山花雕酒获首届世界名酒名烟系列产品博览会金爵奖。

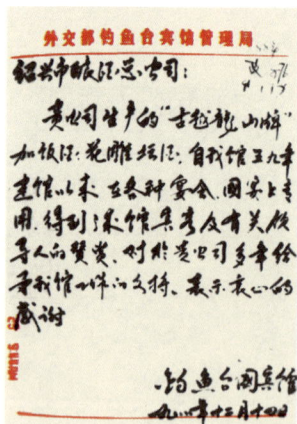

古越龙山绍兴酒被列为国宴酒的凭证（中共中央办公厅特别会计室函）

《优等文凭》（全文）

农工商部为发给凭事：案照南洋第一次劝业会于宣统二年四月二十八日开会，经本部附奏将会场陈列各品，评定甲乙，给予褒奖，奉旨知道了，钦此，钦遵在案。原奉内称最优等者给予超等文凭，次等者给予优等文凭，再次则分别给予金牌、银牌等语。兹查，有在会场陈列之陈酒二种系浙江会稽县谦豫萃之出品，经审查官公同评议，并呈由审查总长核定，堪以给予优等文凭，以昭奖励。除分行咨照外，合行填发文凭为据，须至文凭者。

右给浙江会稽县谦豫萃收执。

宣统二年十月十四日

钦差南洋劝业会审查总长农工商部在堂杨行

说明：南洋劝业会发给会稽县谦豫萃酒坊对绍兴酒肯定的文凭

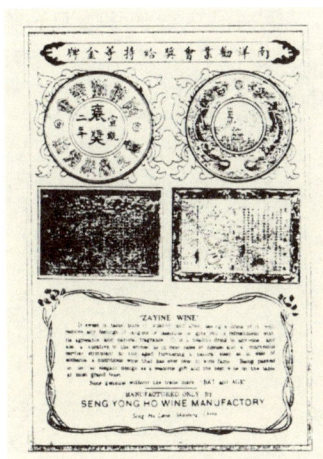

南洋劝业会给沈永和、谦豫萃酒坊的特等金奖（复印件）

绍兴酒主要获奖情况一览表（国际奖）

企业名称	注册商标	展评酒类	时间（年）	展评会名称	获奖内容
云集信记酒坊（1969年改为东风酒厂）		绍兴酒	1915	巴拿马太平洋万国博览会	金奖
沈永和酒坊		善酿酒	1929	杭州西湖博览会	金奖
绍兴酿酒总公司（包括东风、沈永和酒厂）	古越龙山（外销塔牌）	花雕酒	1985	国际美食及旅游展品展览会	金奖
		加饭酒	1985	第四届国际酒及饮料博览会	金奖
		绍兴酒	1986	第十二届国际食品博览会	金奖
		加饭酒	1989	首届北京国际博览会	金奖
东风绍兴酒有限公司	会稽山牌	绍兴酒	1992	日本国际酒类博览会	金奖
东风绍兴酒有限公司	会稽山牌	加饭酒	1994	巴拿马太平洋万国博览会	金奖
		花雕酒	1994	首届世界名酒名烟系列产品博览会	金爵奖
女儿红绍兴酒有限公司	女儿红牌	绍兴酒	1993	法国里昂第65届国际食品博览会	金奖

绍兴酒主要获奖情况一览表（国家奖）

企业名称	注册商标	展评酒类	时间（年）	展评会名称		获奖内容
谦豫萃、沈永和酒坊		绍兴酒	1910	南洋劝业会	南京	金奖
		绍兴酒	1936	浙赣特产展览会		优等奖状
绍兴酿酒总公司（包括东风、沈永和酒厂）	古越龙山牌（外销塔牌）	加饭酒	1952	第一届全国评酒会	北京	全国八大名酒之一，获国家名酒称号
		加饭酒	1963	第二届全国评酒会	北京	全国八大名酒之一，金奖
		加饭酒	1979	第三届全国评酒会	大连	全国十八大名酒之一，金奖
		加饭酒	1983	国家食协组织全国评酒会	连云港	国家经委颁发金奖
		元红酒	1983	国家食协组织全国评酒会	连云港	国家经委颁发银奖
绍兴酿酒总公司（包括东风、沈永和酒厂）	古越龙山（外销塔牌）	加饭酒	1984	轻工业部酒类大赛	北京	金杯奖
		元红酒				金杯奖
		善酿酒				银杯奖
		老酒汗白酒				铜杯奖
绍兴越泉酒厂	越泉牌	越红酒	1984			银杯奖
绍兴县新围酒厂	越州	普通黄酒	1984	农牧渔业部		部优产品
		元红酒	1989			
绍兴县阮社酒厂	鉴湖荷花	加饭酒	1984	农牧渔业部		部优产品
绍兴县酒厂	越鉴牌	加饭酒	1984	农牧渔业部		部优产品
鉴湖酿酒总厂	鉴湖	加饭酒	1984 1989	商业部		部优产品
绍兴酿酒总公司（包括东风、沈永和酒厂）	古越龙山（外销塔牌）	加饭酒	1987	轻工业部中国食品科学技术学会举办的中国首届黄酒节	上海	特等奖
		元红酒				金质奖
		善酿酒				特等奖
		香雪酒				金质奖
东风绍兴酒有限公司	会稽山牌（外销塔牌）	加饭酒	1988	首届中国食品博览会		金奖
		花雕酒	1988			金奖
东风绍兴酒有限公司	会稽山牌	元红酒	1988	首届中国食品博览会		金奖

续表

企业 名称	注册 商标	展评酒类	时间 （年）	展评会名称	获奖内容
东风绍兴酒有限公司	会稽山牌	加饭酒	1990	中国对外经济贸易部	部优质产品奖
		元红酒	1990		部优质产品奖
绍兴县梅市酒厂	柯岩	加饭酒	1989	农牧渔业部	部优产品
绍兴东浦酒厂	越宫牌	加饭酒	1989	农牧渔业部	部优产品
		善酿酒			
绍兴县咸亨酒厂	咸亨	加饭酒	1989	农牧渔业部	部优产品
中国绍兴黄酒集团公司	古越龙山沈永和牌	元红酒、加饭酒（花雕酒）	1994	1994年全国黄酒行业质量检评	名牌产品奖
东风绍兴酒有限公司	会稽山牌	元红酒、加饭酒（花雕酒）	1994	1994年全国黄酒行业质量检评	名牌产品奖
中国绍兴黄酒集团公司	古越龙山沈永和牌	善酿酒、古越醇酒、香雪酒	1994	1994年全国黄酒行业质量检评	优质产品奖
东风绍兴酒有限公司	会稽山牌	善酿酒、香雪酒	1994	1994年全国黄酒行业质量检评	优质产品奖
绍兴咸亨酿酒总公司	咸亨牌	加饭酒、女儿红酒		1994年全国黄酒行业质量检评	优质产品奖
绍兴东浦酒厂	越宫牌	加饭酒	1994	1994年全国黄酒行业质量检评	优质产品奖
绍兴县酒厂	越鉴牌	加饭酒	1994	1994年全国黄酒行业质量检评	优质产品奖
绍兴越泉酒厂	越泉牌	女儿红酒	1994	1994年全国黄酒行业质量检评	名牌产品奖
		越红酒			优质产品奖
东风绍兴酒有限公司	会稽山牌	绍兴酒	1996	第四届中国绍兴黄酒节黄酒品评会	金奖

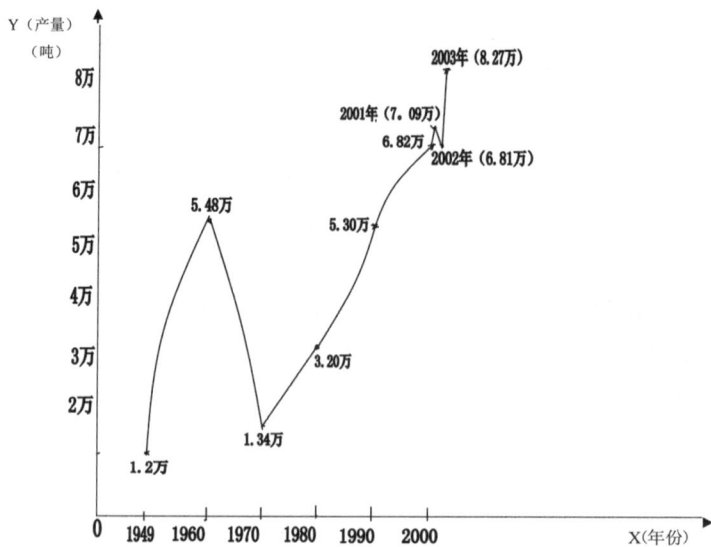

中华人民共和国成立后绍兴酒产量

说明：中华人民共和国成立后至 2000 年，以每 10 年为一个阶段，用曲线表示。

结束语

"百礼之会，非酒不行。"这是数千年来中华文明礼仪的传统习俗。综观现代，酒与人们的生活也是息息相关的。

绍兴黄酒作为我国酒类中的佼佼者，以其温和的个性、浓郁的醇香、丰富的营养保健功效而被越来越多的民众所接受和推崇。

绍兴酒体现的是文明，承载的是历史，她是古越文明的浓缩和延伸，造就了绍兴独特的历史和地域文化。

伴随着绍兴经济、文化建设的快速发展，人们对精神、物质文明的需求进一步提高，有着浓厚人文底蕴的绍兴酒在社会发展历史进程中的作用日益显露，人们对她的认知也将进入一个崭新的历史阶段。

浙东运河古纤道遗产展示馆 02

概　述

古纤道局部鸟瞰图

古纤道又称官塘、运道塘、纤塘路，位于浙东运河萧山—绍兴段沿岸，是运河与天然河流交汇的工程设施，是古人行舟背纤为行船提供动力和缓避风浪的通道，是运河航运的重要辅助设施。其自西晋西兴运河凿成即现雏形，唐元和十年(815)进行大规模浚修，明弘治年间改用石砌纤道，形成现有规模。

古纤道共长 150 里，自西向东沿浙东运河而行，大部分即运河堤岸。现杭州萧山官河段古纤道、绍兴柯桥段古纤道、绍兴皋埠段古纤道、绍兴上虞段古纤道、宁波余姚湖塘江段古纤道等五段保存较好。其中绍兴古纤道(柯桥段)保存最为完整且最具有代表性，其全长 7.7 千米。1988 年 1 月，其作为我国水利史上的一大奇迹,被列为第三批全国重点文物保护单位;2012年8月,其作为浙东运河航运的重要辅助设施被列入中国大运河之浙东运河申遗遗产点。

羊山采石(场景)

说明:据调查,旧时修筑纤道的石材大多采于绍兴齐贤羊山石宕,现早已停止开采,石宕遗址尚存。

背纤(场景)

说明:纤夫是以体力背纤绳拉动驳船为生的人,旧时背纤是纤夫谋生的一种手段。

"全力以赴的拉纤人"照片（英国 W. 亚历山大）

　　说明:这张照片引自 20 世纪 20 年代法国学者佩雷菲特编著的《停滞的帝国——两个世界的撞击》一书。拍摄者是英国人 W. 亚历山大，其在清乾隆年间曾随英国"乾隆祝寿使团"来到中国。

第一部分 纤道记忆

　　"浩浩古运河,悠悠纤道路。"千年古纤道是历史上为运河船只提供动力的主要通道,其自西向东由杭州市滨江区西兴,经绍兴市柯桥区、越城区、上虞区,至宁波余姚市,横亘百里,沿浙东古运河而行。沿路古柯亭、柯桥老街、太平桥、融光桥、曹娥老坝等历史遗迹尽收眼底,与古纤道交相辉映,似乎在叙述着古纤道的昨天、今天和明天。一条纤道,一段历史,几许记忆。

浙东运河纤道(摄于 1928 年)

古纤道与古柯亭（摄于 20 世纪 30 年代）

运河畔之古柯亭（摄于 1930 年）

　　说明：古柯亭一名千秋亭，又名高迁亭。其紧依浙东运河，与古纤道隔运河相望。据史书记载，东汉著名文学家蔡邕上书朝政阙失，得罪权臣遭诬陷而远走江浙一带，在绍兴柯亭夜宿，以竹椽为笛，此地因而得名。

拖船过坝入运河（摄于 20 世纪 20 年代）

水牛拖船由曹娥江过坝入浙东运河（摄于晚清）

拖船过坝入运河（摄于 20 世纪 20 年代）

　　说明：旧时，往来于曹娥江与浙东运河的船只，由于水位高差需过水坝，过坝时往往要用人力或者水牛拖行。

柯桥段古纤道（摄于 20 世纪 70 年代）

太平桥以东段纤道（摄于 20 世纪 70 年代初）

钱清板桥以东古纤道（摄于 20 世纪 70 年代初）

太平桥以西阮社段单面临水古纤道（摄于 20 世纪 70 年代）

融光桥与古纤道（摄于 20 世纪 70 年代初）

1978 年《祥林嫂》影片拍摄外景踩点古纤道背纤场景

太平桥以西段双面临水古纤道（摄于 20 世纪 70 年代初）

古纤道与太平桥（摄于 20 世纪 70 年代初）

浙东运河与古纤道（摄于 20 世纪 80 年代 ）

古纤道边柯桥老街早市（摄于 20 世纪 70 年代初）

柯桥老街全景（摄于 20 世纪 70 年代初）

说明：柯桥老街位于浙东运河两岸，东至笛扬路，西至育才路，南至104 国道，北至万商路。运河、古纤道由东向西穿越而过，将老街分为"井"字形 4 条水街，融合融光桥、永丰桥、老柯桥，使老街形成了著名的"三桥四水"之景观。据调查，在 20 世纪 30 年代时老街贸易集市依然很热闹，酒坊、茶馆、米行、肉铺、染坊、炭店等，一家连一家，一片接一片；每年九月二十日柯桥城隍庙会时，四邻八乡赶市的人群拥满街头，乌篷船、埠船泊在运河、纤道岸边，撑杆如林极为壮观，故有"柯桥千支撑杆"之说。现老街古建筑以明清和民国时期的为主。

第二部分　水上奇葩

"白玉长堤路，乌篷小画船。"古纤道犹如一条玉带蜿蜒于浙东运河之上，随着西晋会稽内史贺循主持的西兴运河开凿成功而逐渐形成。唐元和十年(815)，浙东观察使孟简修建绍兴西郭门外至萧山方向的"运道塘"，既保证了运河本身的安全，也便于过往船只的牵引。纤道与运河相互依存，紧紧相连。萧山官河纤道、柯桥区段纤道、渔后桥纤道、皋埠段纤道、上虞段纤道、余姚湖塘江纤道，静卧运河之上，各有形态，别有风味，它们犹如运河上一朵朵奇葩，美了运河，促进了运河航运业的发展，见证了浙东运河的变迁。

《新唐书·地理志》中有关运道塘(纤道)的记载

释读："北五里有新河，西北十里有运道塘，皆元和十年观察使孟简开。"

《嘉泰会稽志》中有关运道塘（古纤道）的记载

释读："运道塘在县西北一十里，唐《地里（理）志》云：元和十年，观察使孟简筑。"

《嘉泰会稽志》中有关西兴运河的记载

释读："运河在府西一里，属山阴县，自会稽东流县界五十余里入萧山县，《旧经》云：晋司徒贺循临郡凿此以溉田。"

说明：孟简（？—823），字几道，唐德州平昌人。元和十年(815)，兼任浙东观察使，驻山阴，主持开凿城北新河，疏浚浙东运河，始筑运道塘（纤道），为人们行舟背纤和缓避风浪带来方便。

孟简像

杭州萧山官河古纤道

　　说明：其位于杭州市萧山区新塘街道、衙前镇浙东运河两岸，为运河南堤，均系单面临水石砌。整体保存一般。现保存较好的为衙前凤凰村、衙前村、新塘和平桥、新塘姑娘桥、新塘双桥、新塘行头等六段，长约 3000 米。上图为衙前凤凰村段古纤道。

宝带桥段、玉带桥段古纤道

　　说明：其位于绍兴境内，分东西两段。东段位于越城区陶堰街道，系浙东运河北堤，均单面临水石砌；西段位于柯桥区，部分为运河南堤，有单面临水、双面临水两种。

渔后桥纤道

说明：其位于柯桥区钱清联兴村渔后自然村，东西向横跨浙东运河支流大湾，建于清代。纤道全长 183 米，双面临水，共 30 余孔，路面以每孔两块石板平铺。纤道东端设单跨石梁桥一座，桥名即为渔后桥。

绍兴皋埠段古纤道

说明：其位于绍兴皋埠独树村与樊江村之间，全长 5000 余米，均单面临水，部分为运河北堤。

绍兴上虞段古纤道

　　说明: 其位于上虞区东关、曹娥两街道间,全长 10.7 千米,分单面临水和双面临水两种,部分为运河北堤,均为石砌。

余姚湖塘江段纤道

　　说明: 其位于宁波市余姚湖塘江,全长 3—4 千米,部分为石砌纤道,部分为土堤。

柯桥老街历史文化街区

说明:其位于浙东运河与古纤道交会处;古运河支流管墅直江、急水弄在融光桥、新柯桥和永丰桥三桥处交汇,把文化街区分成东西官塘上下岸、永丰桥沿河等四条依河而建的街区,尽显江南水乡魅力。

西官塘上下岸街区

说明:其位于柯桥历史文化街区,沿运河北岸而建。沿街翻轩雨廊别具特色,沿河河埠踏道风貌依旧,民居、商铺等至今保留着原始的风味。

永丰桥河沿街区

　　说明：其位于柯桥老街历史文化街区，由西向东穿越老街，中间为河，东西两侧为沿河店铺、走廊。

第三部分 巧夺天工

　　浙东运河古纤道静卧运河水面，或两面临水，或依运河堤岸而筑，它们相互间隔衔接，设计科学合理，结构精巧多样，宛若一条水上飘带，蜿蜒伸向天际，堪称我国水工建筑的典范。

　　最具科学性、艺术性、代表性的古纤道要数双面临水段纤道，其有实体纤道和石墩式纤道两种形式。石墩式纤道是纤道最精华的部分，又称纤道桥、铁索桥。其作为我国古代桥梁史上一种独特的存在形式，造型独特，巧夺天工。

　　船只在实体纤道无法通行，石墩纤道多贴近水面，也只起到调节水源的作用。若来往船只遇到较大风浪，便需通过纤道上凸起的拱桥、梁桥方可安全地进入浅水区躲避。至于运河南北行人的往返，则更是少不了横跨运河、纤道的大中型石桥。因而纤道上还点缀着宝带桥、阮社桥、荫毓桥等石桥四十余座，它们形式多样，错落有致，各具千秋，构造讲究，是古纤道不可分割的组成部分，在我国水利桥梁史上具有较高的历史、艺术、科学研究价值。

　　据调查，修建绍兴古纤道的石材主要采自羊山和东湖几个石宕。这些石宕自汉、三国以来，常常石工云集，斧凿之声不息，"杭育"之声不止；人们因山凿石，拓掘渐深，逐成残山剩水美景，实可谓石破天惊之壮举，凝聚了绍兴一代又一代匠人高超的技艺和过人的智慧，既满足了纤道建设需求，也为后人留下了千古传颂之奇观。

双面临水实体纤道

双面临水石墩纤道

　　说明：两面临水、破水砌筑的纤道，多在水深河宽的地方，有实体纤道和石墩纤道两种。道面宽约 2.5 米，路基一般高 2.7 米，是纤道全程体量最大的一段。图中为素有"十八洞头"之美称的纤道。

单面临水古纤道

说明：单面临水纤道依运河岸而筑，即河堤，路基由条石砌筑或纯以土埂筑。

"S"形纤道

说明：纤道路基平面呈"S"形，不仅赋予了纤道活泼柔和的美感，也可以缓解和抗御风浪对本体的冲击。

单面临水纤道路基构造之"一顺一丁"砌筑法

单面临水纤道路基构造之石板竖砌砌筑法

单面临水纤道路基构造之条石错缝叠砌法

单面临水纤道路基构造之块石砌筑法

　　说明：单面临水纤道路基的砌筑方法有4种：一是用条石错缝叠砌间丁石，即"一顺一丁"之法垒叠；二是均用条石错缝砌筑，层层上叠；三是纯用块石浆砌；四是朝运河侧面多为石板竖砌，石板与石板间施丁石榫卯牢固，上均横铺石板。

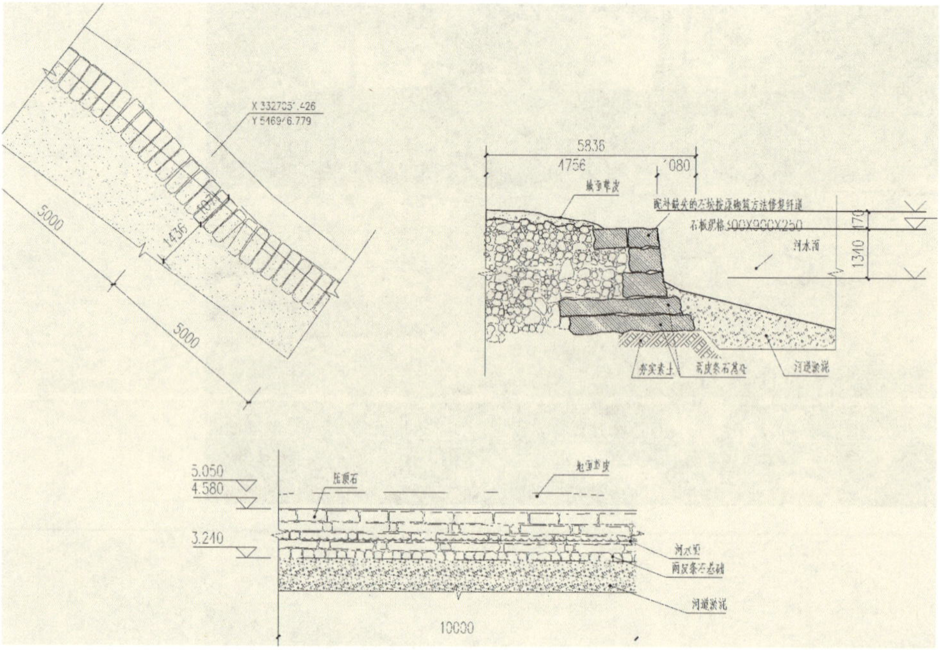

X 332705′.426
Y 54694′6.779

单面临水纤道平面示意图、立面示意图

双面临水纤道路基构造之条石"一顺一丁"砌筑法

双面临水纤道路基构造之条石错缝叠砌法

双面临水纤道路基构造之石墩石梁平桥式砌筑法

说明:双面临水纤道路基的砌筑方法有实体砌筑和石墩石梁平桥式砌筑两种,实体砌筑又可分为条石"一顺一丁"层层上叠砌筑法和条石错缝叠砌法,路面均用条石或石板横向铺设;石墩石梁平桥式砌筑则是在墩与墩之间上架几根石梁,并列铺设砌筑。

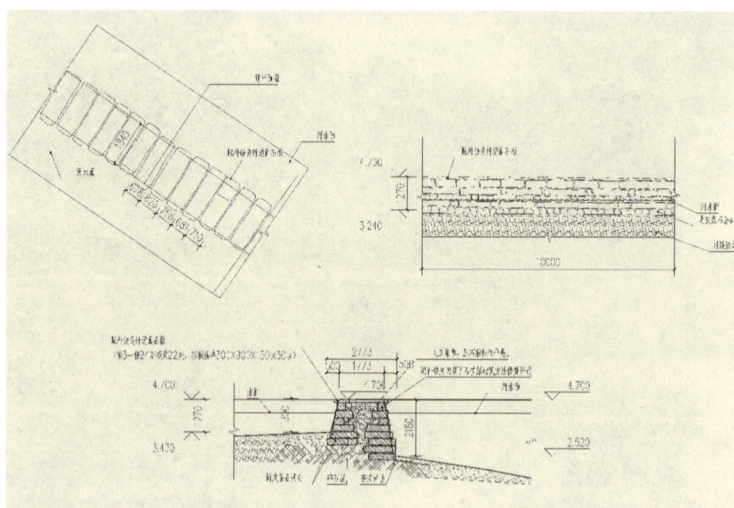

双面临水纤道平面示意图、立面示意图

古纤道上的主要古石桥梁

名称	地址	类别	年代	备注
宝带桥	柯桥区段纤道上	石梁桥	清代	系单跨石梁桥
玉带桥	柯桥区段纤道上	石梁桥	清代	系单跨石梁桥
荫毓桥	柯桥区段纤道上	石拱桥	清光绪年间	系单孔石拱桥
阮社桥	柯桥区段纤道上	石拱桥	清代	系单孔石拱桥
本源桥	柯桥区段纤道上	石梁桥	清代	系单跨石梁桥
翠带桥	柯桥区段纤道上	石梁桥	清代	系单跨石梁桥
兴隆桥	柯桥区段纤道上	石梁桥	清代	系单跨石梁桥
太平桥	柯桥区段纤道与浙东运河交叉处	拱梁结合石桥	清代	全国重点文物保护单位,由一孔拱桥和八跨梁桥组成
堰下桥	柯桥区段纤道上	石拱桥	清代	系单孔石拱桥
融光桥	柯桥区段纤道与浙东运河交叉处	石拱桥	明代	全国重点文物保护单位,单孔石拱桥
茅洋桥	越城区段纤道上	石拱桥	清代	绍兴县文物保护单位,系单孔石拱桥
泾口大桥	越城区段纤道与浙东运河交叉处	拱梁结合石桥	清代	全国重点文物保护单位,由三孔石拱桥和三跨石梁桥组成
炼塘桥	上虞区段纤道上	石梁桥	清代	系单跨石梁桥
通陵桥	越城区皋埠段纤道上	石梁桥	清代	系单跨石梁桥

宝带桥

说明： 此桥建于清代，系单跨石梁桥，东西走向，跨径 3.6 米，桥面由 3 块石梁平铺而成，两端各设 7 级踏垛与纤道相连。

玉带桥

说明： 此桥建于清代，系单跨石梁桥，东西走向，跨径 3.6 米，桥面由 3 块石梁平铺而成，两端设 9 级踏垛与纤道相连。

荫毓桥

说明：此桥于清光绪年间重修，系单孔石拱桥，东西走向，全长 14.5 米，净跨 4 米，拱圈两侧间壁刻有石联一副："几处村酤羁两阮，一声渔笛忆中郎。"据说这是为纪念东汉文学家蔡邕(蔡中郎)和晋代"竹林七贤"中的阮籍、阮咸叔侄二人而作。该联对仗工整，书法遒劲，充满乡土气息，是桥梁楹联中较好的作品。

阮社桥

说明：此桥建于清代，系单孔石拱桥，东西走向，全长 15.3 米。拱圈顶两侧券脸石上刻有"阮社桥"桥名。西侧边墙上嵌有"捐修碑记"一方。

本源桥

说明：此桥建于清代，系单跨石梁桥，东西走向，全长 10 米，桥面由
3 块石梁铺设而成，两侧设踏垛与纤道相连。

翠带桥

说明：此桥建于清代，系单跨石梁桥，东西走向，全长 10 米，桥面由
3 块石梁铺设而成，两侧设踏垛，与纤道相连。

兴隆桥

　　说明：此桥建于清代，系单跨石梁桥，东西走向，全长 4.6 米，桥面由 3 块石梁铺设而成，两侧设 11 级踏垛，与纤道相连。

太平桥

　　说明：此桥为全国重点文物保护单位，拱梁结合桥，始建于明万历四十八年(1620)，清咸丰八年(1858)重建。桥横跨浙东运河与古纤道，南北走向，由一孔拱桥和八跨梁桥组成，全长 40 米，有"古代立交桥"之称。

融光桥

说明：此桥俗称柯桥大桥,建于明代,为全国重点文物保护单位。此桥为单孔石拱桥,南北走向,横跨浙东运河与古纤道,全长 15.5 米。拱石上留有捐修人的姓氏、地址。拱圈内顶龙门石深雕盘龙图案,栩栩如生。

茅洋桥

说明：此桥为绍兴县文物保护单位,始建于明万历年间,清康熙戊寅年(1698)、乾隆己巳年(1749)重修。此桥系单孔石拱桥,东西走向,与纤道相连,全长 24.5 米。

泾口大桥

　　说明： 此桥为全国重点文物保护单位，为拱梁结合桥，建于清宣统二年(1910)。此桥为南北走向，横跨浙东古运河与纤道，由三孔石拱桥和三跨石梁桥组成，全长46.5米。

炼塘桥

　　说明： 此桥位于上虞段纤道上，建于清代，系单跨石梁桥，东西走向，全长16.4米。桥面由3块石梁铺设而成，两侧设踏垛，与纤道相连。

通陵桥

说明：此桥位于绍兴市皋埠段纤道上，建于清代，系单跨石梁桥，东西走向，全长 16.4 米。桥面由 3 块石梁铺设而成，两侧设踏垛，与纤道相连。

东湖石宕遗址

中华人民共和国成立之初东湖石宕采石场景

说明：东湖石宕遗址位于绍兴城区以东的箬篑山麓，紧邻浙东古运河。石宕开采时间较早，据《康熙会稽县志》卷三引《旧经》称：箬篑山"秦皇东游，于此供刍草，俗呼绕门山……山多坚石，取用甚广"。东湖石宕历经千百年开采，形成了高 50 米左右、长 700 余米、深约 20 米的悬崖峭壁。

羊山石宕遗址

中华人民共和国成立之初羊山石宕采石场景

说明： 羊山石宕遗址位于柯桥区齐贤街道羊山公园。史载，隋开皇年间，越国公杨素采羊山石以筑罗城等而形成今岩石地貌。其为早时越地著名采石区。

总说明： 据现场调查，浙东运河古纤道所用石料，均采于绍兴，即东湖石和羊山石。萧山纤道所用石头产自绍兴，柯桥区段纤道所用石头主要是羊山石，皋埠段和上虞段纤道以东湖石为主。

羊山石

说明： 羊山石石质坚韧，略显红色，天然级配好，易取大板、长条；明清两代，山阴、会稽北部所建塘闸、桥梁、道路等，均选采羊山之石，现已停采。图中均为古纤道路面石板。

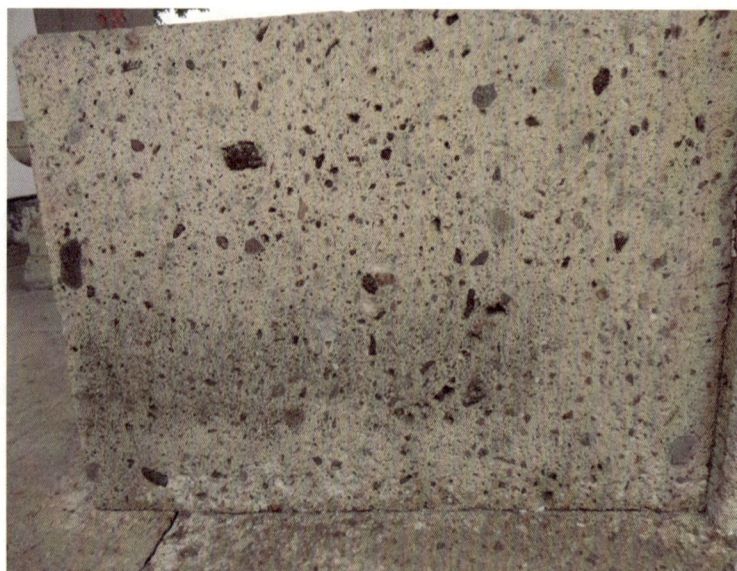

东湖石

说明：东湖石质地坚硬，呈灰白色，多红色或蓝色斑点，这是与羊山石最大的区别。东湖石宕自开采以来，一直为越地著名采石区。现已停采。上图摄于古纤道及东湖景区。

东湖石与皋埠段古纤道、泾口大桥石材的检测报告

南京工业大学材料科学与工程学院
检 测 报 告

第 12021 号

委托单位:绍兴市文物局　　　　　　　　　　**送样日期:**2012 年 5 月 2 日

样品名称:古桥岩石　　　　　　　　　　　　**样品数量:**8 个

试验项目:外观、矿物成分、化学成分　　　　**报告日期:**2012 年 5 月 9 日

1.检验目的

通过有关性能的测定,初步判断古桥石材与疑似产地石材的关系。其中古桥石材有 5 个,疑似产地石材有 3 个。

2.试验步骤和方法

(1)外观观察。

用肉眼和十倍放大镜观察岩石外观形貌,包括颜色、折光、质地、夹杂物及其分布等,用 SONY T200 数码相机照相。

(2)样品制备。

采用铁锤破碎和研钵磨细的方法制样,样品通过 180 目筛子,搅拌均匀。

(3)矿物成分分析(XRD)。

采用 X 射线衍射法(XRD)。仪器:ARL X'TRA,X 射线衍射仪,美国热电公司,主要性能:2 KW 铜靶、固体探测器。扫描角度 10—85 度,连续扫描,速度 5 度／分钟,步进 0.02 度。

(4)化学组成分析(XRF)。

采用 X 射线荧光法 (XRF)。仪器:ADVANT'XP,X 射线荧光光谱仪,美国热电集团瑞士 ARL 公司。主要性能:4GN 铑靶、超尖端、超薄窗 ($75\mu m$)、端窗 X 射线管,固态 3.6KW 高功率发生器。

3.试验结果(参见附录 1)

试验:　　　　　　　　单位盖章:

附录1　样品试验结果

(1) 外观。

用肉眼和十倍放大镜观察岩石外观,包括颜色、折光、质地、夹杂物及分布等。外观照片见图1—8。结果显示,全部样品高度相似。

图1　东湖石宕1

图2　东湖石宕2

图3　东湖石宕3

图4　皋埠纤道

图5　广宁桥

图6　光相桥

图 7　泾口大桥

图 8　小江桥

(2) 矿物成分。

岩石 XRD 分析结果见图 9—16。

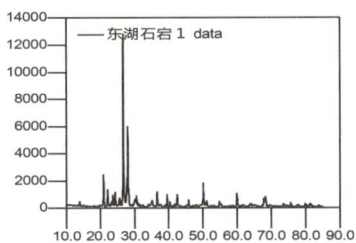

图 9　东湖石宕 1 XRD 衍射图谱

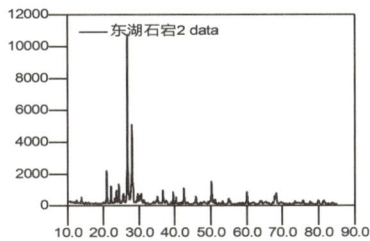

图 10　东湖石宕 2XRD 衍射图谱

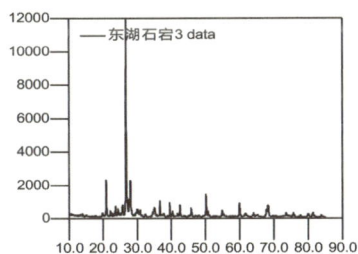

图 11　东湖石宕 3XRD 衍射图谱

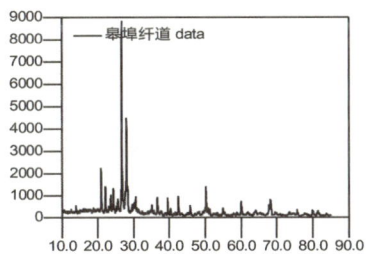

图 12　皋埠纤道 XRD 衍射图谱

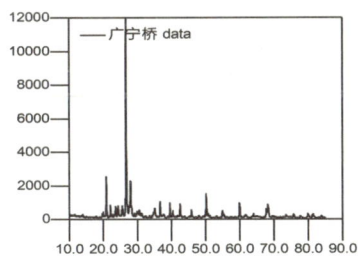

图 13　广宁桥 XRD 衍射图谱

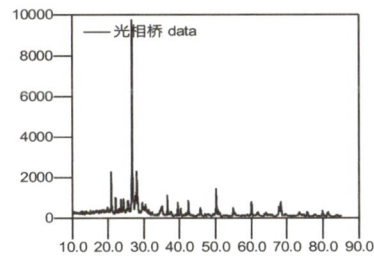

图 14　光相桥 XRD 衍射图谱

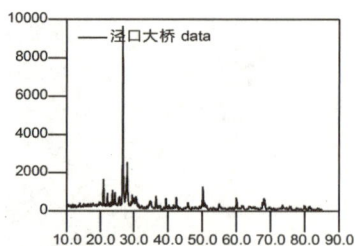

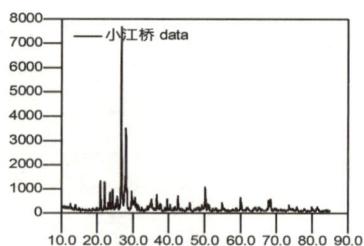

图 15　泾口大桥 XRD 衍射图谱　　　　图 16　小江桥 XRD 衍射图谱

　　由图 17 可见，所有样品 XRD 衍射图谱高度相似，因此，全部样品矿物成分相同。

　　XRD 图谱检索结果见图 18，岩石样品的主要矿物成分均为石英和钠长石。

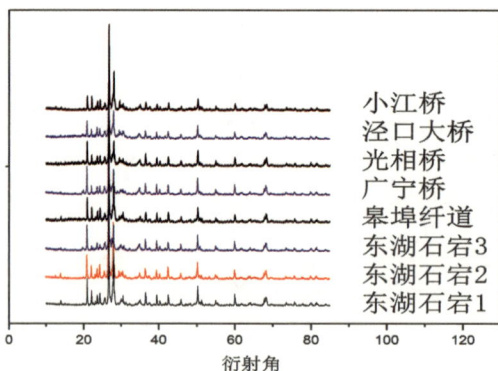

图 17　全部样品 XRD 衍射图谱的对比

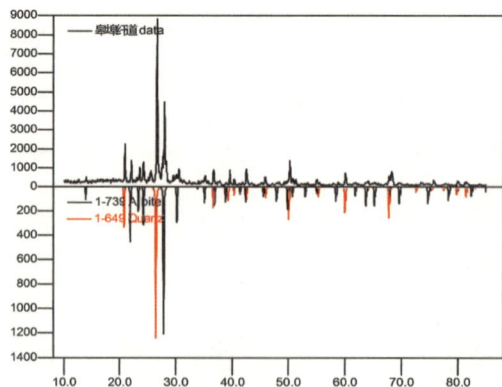

图 18　样品 XRD 衍射图谱与石英、钠长石标准图谱的对比

(3)化学组成。

将样品按规定进行缩分,分别磨细烘干,测定烧失量后,用 X 射线荧光光谱仪分析化学成分,结果见下表。

石材的化学成分 (w/w %)

样品名称	东湖石宕1	东湖石宕2	东湖石宕3	皋埠纤道	广宁桥	光相桥	泾口大桥	小江桥
SiO_2	77.93	72.63	72.46	71.93	72.36	70.40	69.32	66.32
Al_2O_3	12.81	13.81	14.93	14.58	14.25	15.07	15.31	15.91
Na_2O	3.88	4.98	2.10	4.65	2.96	3.09	3.13	4.55
K_2O	3.45	2.74	5.45	3.30	3.88	4.11	4.98	3.57
Fe_2O_3	0.487	0.807	0.971	1.31	0.971	1.28	1.16	2.07
MgO	0.224	0.454	0.588	0.818	0.694	0.876	0.761	1.62
CaO	0.175	2.13	0.846	1.12	0.933	2.00	2.07	2.51
TiO_2	0.135	0.128	0.131	0.229	0.135	0.131	0.128	0.210
P_2O_5	0.0779	0.0553	0.0800	0.109	0.109	0.178	0.0663	0.153
BaO	0.0351	/	0.0419	0.0310	0.0292	0.0340	0.0327	0.0368
SO_3	0.0465	0.0238	0.0183	0.0368	1.42	0.122	0.166	0.168
MnO	0.0169	0.0560	0.0350	0.0410	0.0273	0.0933	0.0948	0.127
烧失量(LOI)	0.70	2.13	2.29	1.77	2.18	2.56	2.70	2.66

由结果可知:样品的主要化学成分均为 SiO_2、Al_2O_3,其次为 Na_2O、K_2O、Fe_2O_3 等,样品均属硅酸盐类,岩石应为砂岩。全部样品的主要组成元素和微量元素品种均相同,含量总体相近,但少数元素组成有一定的差别,如东湖石宕的 3 个样品取自同一地点,少部分元素含量有一定差别。由于矿山样品化学成分的波动性,结合外观和矿物成分分析结果,可以认为全部样品的品种相同。

(4)初步结论。

考虑到岩石成分的不均匀性,结合外观、XRD 和 XRF 分析结果,可以初步得出结论:全部样品具有高度相似性。

第四部分 保护管理

唐时,江南经济空前繁荣,越州的造船业相当兴盛,当时朝廷和官府所需的"大船""楼舰"有不少出自越州。然而,浙东运河段水深河宽,负重之舟逆流而行,常被风涛所阻。唐元和十年(815),时任浙东观察使孟简深感改善航运事业为当务之急,于是在城西筑起了一条行舟背纤的土堤型纤道——运道塘,其为古纤道形成阶段的最初形式。由于土堤型纤道"骤雨辄倾,水溢害稼,且病行李",明弘治元年(1488),时任山阴县令李良主持重修纤道,遂改用青石铺砌。之后,自清代起,历代维修不断。既有官修,更有民间捐修。这在《嘉庆山阴县志》《越中杂识》等地方志、纤道及古桥碑刻中多有载述。

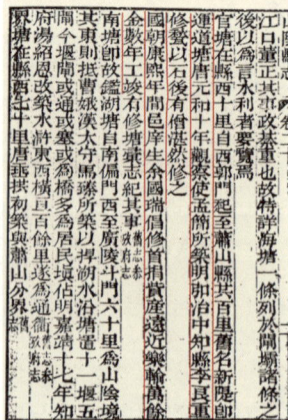

《嘉庆山阴县志》中关于唐、明、清三代"官府建修纤道"的记载

释读:"官塘在县西十里,自西郭门起至萧山县,共百里,旧名新堤,即运道塘。唐元和十年,观察使孟简所筑。明弘治中知县李良重修,砌以石。后有僧湛然修之。国朝康熙年间,邑庠生余国瑞倡修,首捐资产,远近乐输万余金,数年工竣。"

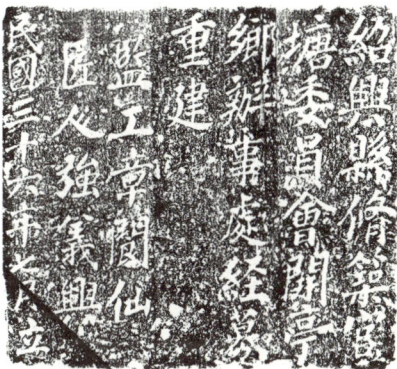

王耕，字舜耕，山东人。永乐中，知山阴，有经济大略。时朝廷初事营建，征发劳年，耕调剂节约，不废法，亦不病民。中官郑和下西洋取宝玉，所至恣横。耕抗言，邑所产惟布粟，宝玉非所有也。和遂去。

李良，山东人。宏治初，知山阴，才略过人，废弛毕举。运河土塘，骤雨辄颓，水溢害稼，且病行李。良甃以石，自虹桥达钱清，亘五十余里，塘以永固，田不为患，至今便之。

顾铎，字孔振，博兴人。正德间，知山阴，严明威断，吏不敢为奸，豪右敛迹。至今谈其政，凛然风生。

许东望，字应鲁，宿松人，嘉靖戊戌进士。知山阴县，政尚宽和，民德之如慈父。历浙江参议，会倭寇内扰，奉檄分守浙东，驻绍兴。时方军兴，敛急法烦，东望镇以简静，爱民下...

《越中杂识》(清乾隆抄本)中有关李良及修建纤道的记载

说明：李良，字遂之，明山东人。弘治元年(1488)任山阴县令，主持重修绍兴西段(虹桥—钱清)五十余里纤道，并改用青石铺砌，使纤道从此永固，为船只背纤和避风带来了极大方便。

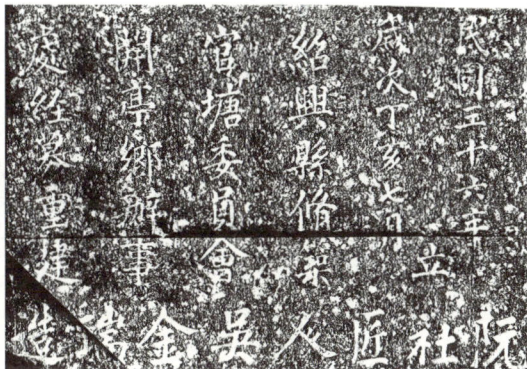

官府修缮古纤道碑记(拓片)

说明：民国三十六年(1947)，绍兴设立修筑官塘委员会，针对古纤道年久失修、多处倾圮的现状，进行大规模修缮。修建碑记嵌在今荫毓桥和阮社桥桥堍边墙上。

说明：此碑记位于宝带桥东端桥台北侧边墙上，内容为"民国三十六年八月绍兴县修筑官塘委员会重修"。

官府修缮古纤道碑记

1996年绍兴县文物部门修复柯亭段67米缺口纤道照片

1996年荫毓桥段古纤道整修后照片

1999 年上谢桥之市场桥段古纤道局部修复后照片

2010 年柯桥柯亭段纤道维修现场

2013年上虞段纤道维修现场

20世纪70年代后各级政府及文物部门纤道保护维修情况大事记

1983年,原绍兴市城建部门对自太平桥西至钱清镇行义段古纤道进行局部维修。

1984年,市县行政体制改革,绍兴县新设绍兴县文物保护管理所,负责古纤道的管理工作。

1987年7月24日,绍兴县人民政府公布古纤道为县级重点文物保护单位,并划定保护范围和建设控制地带。

1988年1月13日,古纤道进入第三批全国重点文物保护单位。

1989年,浙江省文物局拨款1万元,对南钱清行义炼油厂东侧玉带桥段纤道二孔桥梁、3个桥墩及玉带桥按原样进行修复。

1991年3月14日,绍兴县人民政府重新公布保护范围及建设控制地带。

1991 年 5 月 2 日,绍兴县人民政府向浙江省文物局呈报保护范围及建控地带材料。

1991 年,绍兴市旅游局拨款 2 万余元,实施玉带桥段纤道维修。

1992 年—1994 年 4 月,国家文物局拨专款 20 万元,地方自筹 6 万元,完成第一期古纤道维修工程,即抢修全长 500 余米的双面临水的宝带桥段纤道、全长 490 米的玉带桥段纤道,整修玉带桥,配合柯桥镇改造整修滨河路纤道。

1994 年 12 月,浙江省人民政府浙政发〔1994〕204 号批复同意划定古纤道保护范围和建设控制地带。

1995 年 7 月 12 日,绍兴县文物保护管理所对古纤道进行现场调查之后,做出保护规划方案。

1996 年,国家文物局拨款 30 万元,地方自筹 10 万元,整修柯西桥以西的荫毓桥,修复柯亭段全长 67 米的纤道缺口,至同年完成第二期古纤道整修计划。

1999 年 5 月—12 月,绍兴县文物部门自筹资金 35 万元,对古纤道上谢桥至板桥进行全线整修。

2001 年 11 月—2002 年 1 月,绍兴县文物部门自筹资金 15 万元,对古纤道行义大桥以东至柯华大桥全线进行整修。

2012—2013 年,上虞政府投资 1000 万元对东关、曹娥两街道境内的浙东运河古纤道进行整修,恢复了古纤道往日的风采。

2012 年 6 月—2013 年 2 月,绍兴市水利局投资 1815 万元对绍兴皋埠段纤道进行全面整修。

2013 年 4 月—6 月,绍兴县文物部门投资 30 万元对绍兴县段古纤道进行养护和局部维修。

古纤道相关文件

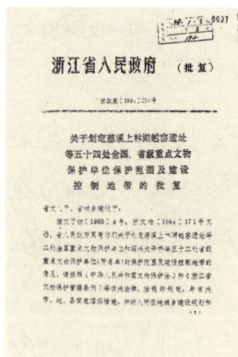

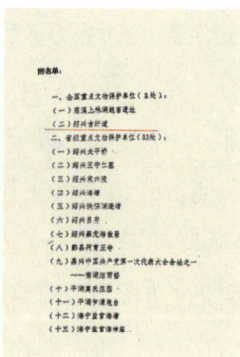

古纤道保护范围和建设控制地带批复文件（1994 年 12 月）

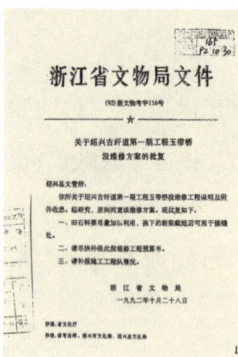

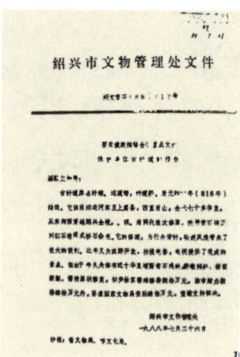

古纤道一期工程玉带桥维修方案批复文件（1992 年 10 月）

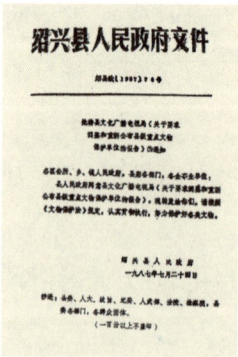

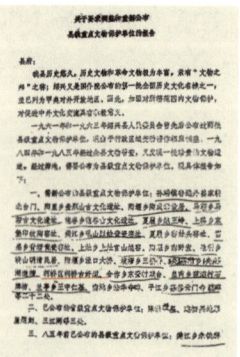

古纤道被列为县级重点文物保护单位文件（1987 年 7 月）

皆成五色急返入戶則定巳端坐瞑目矣龕留十四日顏色如生
(明)圓澄字湛然東關人俗姓夏少時當鋪兵役因投遞羈遲受責詣大荒投妙峯和尚薙髮
爲僧踰年得戒於雲棲蓮池師以古佛期之掩關者六年適慈舟和尚歸南海還寓越之止
風塗相見契洽慈舟遂付囑焉時萬歷辛卯也歷諸叅尋向不曉文字一旦豁然直接曹洞
之宗開闢顯聖道場講經說法不事妝點口頭家常話俱有妙理晚年募築往西塘路民至
今利賴祭酒陶望齡甚敬禮之
(皇清)圓信字雪嶠鄞縣人幼穎悟端重不嗜世緣素性脫略志趣高遠常往來雲門雙徑兩
山間後覩古雲門三字開悟遂終老茲山當圓寂之前預寫小詞以示徒衆詞曰小兒曹生
死路上好逍遙皎月冰霜曉吃杯茶坐脫去了及期果索茶啜跏趺而逝建塔于雲門寺之
右隴順治十七年世祖章皇帝慕其宗風賜帑金五百兩御札囑弘覺禪師修其寺塔御札
曰錫杖遺山時禁遠念茲覺晉問式慰朕思來伻言旋載書附往並有欲語者朕每念法門
輙景先哲知雪嶠大師藏塔卓立雲門後學諸方應共瞻仰比聞山界䧟分基址漸圮恐年
深人遠淩毀堪虞今特捐五百金置爲修治雖未必足寧波之費然經朕一囘整葺人必改
觀起敬自不敢復行侵侮矣禪師重念儀型久懷崇飾當勉爲經理承朕敬禮尊宿之義以
康熙會稽縣志 卷二十六 人物志 方技 五一

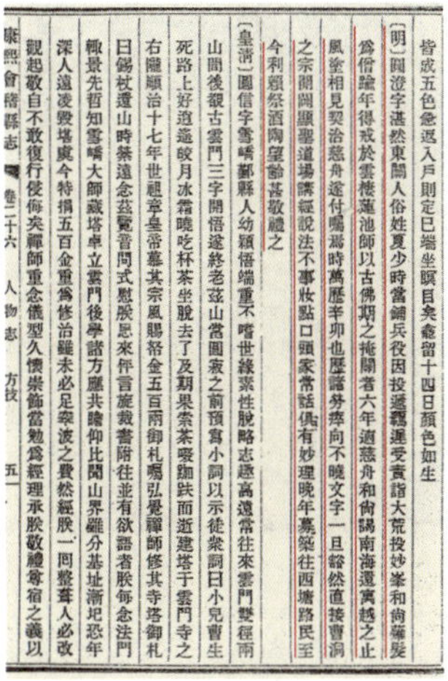

释读:“明圆澄,字湛然,东关人,俗姓夏,……投妙峰和尚剃发为僧。……晚年募筑往西塘路,民至今利赖。”

《康熙会稽县志》中关于高僧圆澄民间募修纤道的记载

成道光庚子進士官至右中允左遷編修以母老乞養主講粵秀書院二十三年)
孫良字穎曉三世皆敦義行少服賈營親一日歸見母容漸衰遂不出隱魚臨以終身輕盡先世義莊出資爲
贊家甥妻老完娶(陽川孫氏譜)
孫暉字曉峰良仲子也習法家言嘉慶初入讀陝張誠基幕贊助平寧州邪教剿聯登堅辭不受薦剡後官江
西督糧道庫大使欲以常德踵其未及而卒作詮命嗣子開禮行之詞禮字又峰善承父志祀先睦族多參
用范氏法鄉中義舉知無不爲歸育嬰義倉等役多與焉置產不輕減人値曰吾不忍追人子孫也有貲父兄
以田求售者必歸之產泣去(同上)
馮士毅字再可山陰柯橋人隱於市肆而樂善好施鎭之南岸東西官塘一帶綿亘數百里日久傾圮行者苦
之士毅先自捐金若干與二三同志協力修復鄉人有孀女者旣成偕奕士毅聞之遂然爲出槖中金付之
其弗果嫁士毅初援例捐職授登仕郎以孫德屋人公舉鄉介賓嘉慶元年以上壽恩賜八品頂帶九年卒
年八十有五葬於夏履橋之南庄山(柯橋馮氏譜)
馮光昂山陰柯橋人邑之西有玉帶橋行義橋者連絡數十里西至蕭邑東達餘上千萬人往來之通衢也歲
久傾圮行人苦之光昂出重金首行捐修復向親友勸輸逾年而巨工始竣利及行人(同上)
周源字心泉廣東香山縣知縣諸稱源所至有治行今浙江會館有碑記可考(見越城周氏譜按還乘志周
源原名岳會稽人寄籍宛平乾隆乙卯順天舉人)
紹興縣志資料 第一輯 人物列傳 七

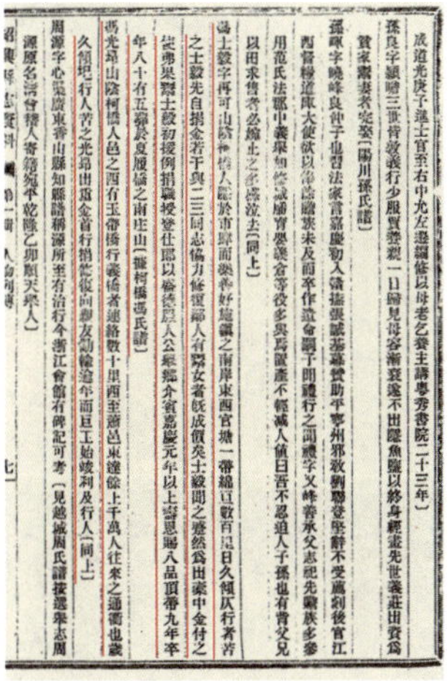

释读:“冯士毅,字再可,山阴柯桥人,隐于市肆而乐善好施,镇之南岸,东西官塘一带,绵亘数百里,日久倾圮,行者苦之。士毅先自捐金若干,与二三同志协力修复。”

“冯光昂,山阴柯桥人。邑之西,有玉带桥、行义桥者,连络数十里,西至萧邑,东达余上,千万人往来之通衢也。岁久倾圮,行人苦之。光昂出重金,首行捐修,复向亲友劝输,逾年而巨工始竣,利及行人。”

民国《绍兴县志资料第一辑》中关于民间善士修缮纤道的记载

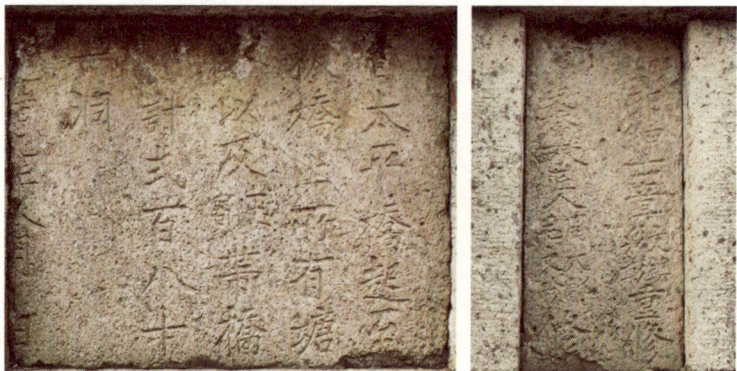

捐修古纤道碑记

说明：阮社乡绅章文镇、章彩彰兄弟以经营酒坊为业，生平乐善好施，曾于清光绪九年(1883)出资重修"太平桥至板桥所有塘路及玉带桥、宝带桥，共计281洞"。图为古纤道玉带桥桥台边墙碑记上的有关记录。

《重建荫毓桥》碑文二幅

说明：此碑镶嵌于古纤道段荫毓桥上，记载着清光绪七年(1881)，乡绅李静庵、茅长顺、章文镇、章彩彰等出资重建荫毓桥的有关情况。

皋埠段及上虞段民间捐修纤道碑记（镌刻于纤道基础侧面竖立石板上）

"同治十年（1871）朱学瑞房重修一百五十丈"

"孟德裕重修官塘五仓"

"孟家葑陈门谢氏陈门单氏造"

"松林傅兆桂室王氏造一仓"

"屠继仁堂造五仓"

"上虞县高鸿达造一仓"

龙纹图案

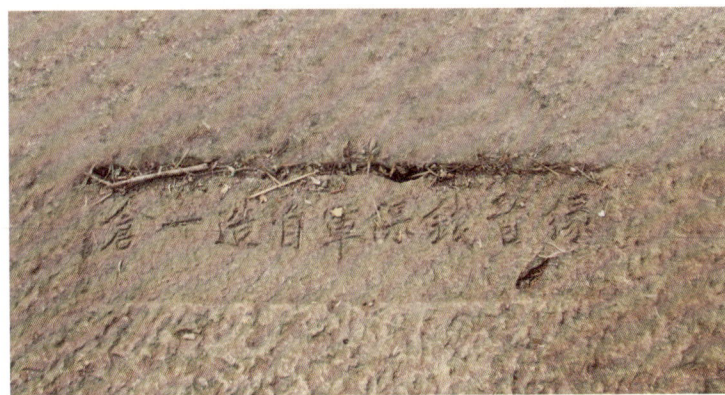

"缘□钱保军自造一仓"

"东关通裕堂章门钱氏助钱二百千文"

"东关徐尚德助钱二千"

"东关茅萃兴助钱三千"

"邬律元捐二仓"

"后村吕门胡氏助钱十三千文"

萧山段纤道民间捐修碑记

"诒燕堂王捐修"

"□家□沈□英同妻倪氏助修六丈"

"萧山朱门黄氏何门朱氏建"

柯桥段纤道民间捐修碑记

"柯山朱关分湖塘王羽相仝建"

"周家桥周□明全妻张氏男时保时昌建"

"亭后徐门郎氏建"

第五部分 纤道文化

绍兴因水而生,由水而兴,运河、鉴湖、纤道哺育了沿线一代又一代辛劳的人民,促进了绍兴酒、绍兴纺织等一些著名产业的兴盛。酒业兴旺,众多酒坊主纷纷慷慨解囊修建运河、古纤道。一部纤道史促进了绍兴城市发展与经济繁荣,也增添了绍兴深厚的文化底蕴。

酒文化

绍兴黄酒源自史前农业文明。春秋战国时期,越王勾践用酒奖励生育,增强国力;投醪劳师,激励士气。东汉永和五年(140),会稽太守马臻围堤筑成鉴湖,把会稽山溪水汇集于湖,为绍兴酒酿造提供了优质、丰沛的水源。魏晋之际,会稽出现了一些庄园酿酒工场。南北朝时,制成"山阴甜酒"。宋代推行宽榷酤政策,鼓励各地酿酒,酒业兴旺。明清之际,鉴湖、纤道沿岸章东明、叶万源、鉴湖酒厂等各类酿坊陆续出现,大街小巷酒肆林立,黄酒行业走向鼎盛。清代初期,绍兴黄酒行销范围已遍及全国各地,有"越酒行天下"之说。20世纪80年代以来,黄酒产量骤增,远销海外,绍兴黄酒迎来了新的发展时期。

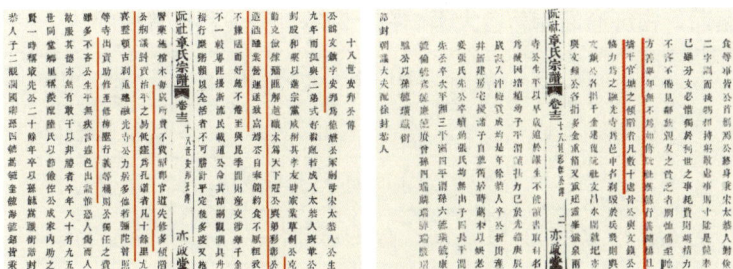

《阮社章氏宗谱》中有关乡绅章文镇、章彩彰兄弟修缮纤道的记载

说明: 阮社乡绅章文镇、章彩彰兄弟以经营酒坊为业,酿酒致富,生平乐善好施,曾于清光绪年间出资重修古纤道、梅墅桥、行义桥等。

明、清、民国时期浙东运河、鉴湖、古纤道沿岸主要大酒坊分布表

酒坊名称	地点	酒坊坊主	年代
叶万源酒坊	湖塘	叶十万	明代
叶万源复生记酒坊	湖塘	叶拾珊	清光绪年间
叶万源复生酒厂	湖塘	叶瑞济	民国
田德润酒坊	湖塘		明代
章万润酒坊	湖塘		明代
章东明酒坊	柯桥阮社	章东明	清乾隆年间
高长兴酒坊	柯桥阮社	高文初	清康熙年间
高长兴浩记酒坊	柯桥阮社	高浩卿	清末民国初
善元泰酒坊	柯桥阮社		清光绪年间
茅万茂酒坊	柯桥阮社		清代
萧忠义酒坊	柯桥双梅		清代
潘大兴酒坊	柯桥双梅		清代
云集酒坊	东浦、柯桥阮社	周清、周顺昌	清乾隆—中华人民共和国成立之初

清时浙东运河、古纤道沿岸著名大酒坊在上海等地开设酒行等情况

酒坊名称	开设地点	酒行、酒庄、酒栈名称	开设年代
阮社章东明酒坊	上海小东门外	章东明酒行	清道光年间
	上海闸北	章东明南号、北号酒行	清道光年间
	天津侯家后	金城明记酒庄	清道光年间
阮社高长兴酒坊	上海、杭州	高长兴酒馆	清乾隆年间
湖塘叶万源酒坊	宁波江佑街	馥生酒栈、恒丰酒栈	清末

说明：明清时期绍兴酒以绍兴城两边分"东路酒"和"西路酒"，以"西路酒"的酒坊为多，围绕柯桥周边的"西路酒"产地就有8个之多：双梅的萧忠义、潘大兴酒坊，阮社的茅万茂、善元泰、高长兴、章东明酒坊，湖塘的叶万源、田德润酒坊。绍兴所产老酒的水源是鉴湖水，外销都通过浙东运河水路和古纤道转运至杭州、上海，向北到北京，向南到福建、广东一带，甚至远销海外南洋诸地。

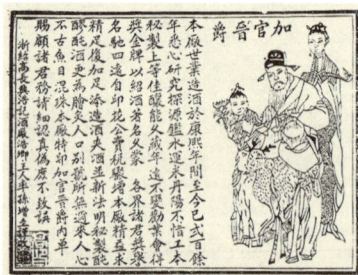

清康熙高长兴酿坊的"加官晋爵"坊单

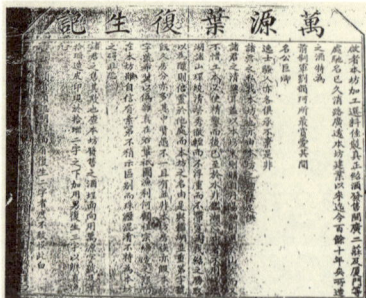

清光绪叶万源复生酒厂的坊单

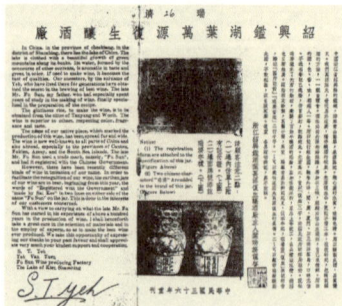

阮社章东明酒坊旧址

说明：该酒坊位于柯桥区柯岩街道阮三村，建于清代，由南北两组建筑组成，曾开设信记和俊记酒坊，中华人民共和国成立后被用作康复医院。由于时代变迁及自然破损等，现尚存部分建筑，其余的被拆除或改建。其中：北组建筑尚存门屋、座楼及门屋与座楼间部分附房、晒场；南组建筑保存尚好，现存倒座与座楼前后二进建筑及大部分厢房、晒场。

章东明酒坊是当时规模较大、颇具影响力的酒坊。其酒运销上海、天津等地，除在上海、杭州各处开设酒行外，还在天津侯家后开设"金城明记"酒庄，专营北方批发业务，并专门供应北京同仁堂药店制药用酒，年销近万坛以上。

湖塘叶万源酒坊旧址

说明：该酒坊位于绍兴市柯桥区湖塘街道湖塘村，创建于明代，是一处住宅兼作坊的院落建筑，坐北朝南。由于建筑使用功能的改变和自然破损等，现尚存门屋及隔楼而建的酒坊仓库。

"叶万源"为明中叶至清代黄酒知名品牌，酒坊主人为叶十万，是黄酒坊单的积极使用者和倡导者。其坊单采用中英文两种文字书写，其商标广告意识在当时同类企业中应该说是很超前的。据1932年出版的《中国实业志》记载，当时绍兴共有几千家酒坊，而年产酒2000缸以上的大型酒坊仅3家，其中就有叶万源酒坊。民国初年，叶万源所产的18斤装放样酒，畅销广东、福建、东南亚一带，尽管其价格比其他酒坊的黄酒要高出三到五角，但市场上还是供不应求。

存酒仓库的全景和内景

说明：该酒坊位于绍兴市柯桥区湖塘街道鉴湖村，建于1951年10月。其前身为始于18世纪初的章氏家族创建的鉴湖酒作坊，主要由章经国、章纬国两兄弟创建。这个家族酿酒一直延续了200多年，直到20世纪50年代。现绍兴鉴湖酿酒有限公司的厂区就是当时章氏家族酿酒作坊和数家较大家族酿酒作坊所在地。1963年，该酒厂的加饭酒在第二届全国评酒会上被评为名酒，并被授予金质奖章。

纺织文化

古越大地是人类纺织的发祥地之一。

自从春秋战国时期越王勾践"身自耕作,夫人自织"以来,绍兴纺织业在全国始终名列前茅,两晋南北朝时,达到了"三吴"(吴、吴兴、会稽)"丝绵布帛之饶覆衣天下"的程度。隋唐时,越州丝绸名闻海内,被列为贡品的多达十数种。明清安昌、华舍、齐贤绸市、布市兴盛。"日出华舍万丈绸"传为佳话。而这些丝绸、布匹均通过运河水运及古纤道销往全国各地。目前,纺织这一古老传统产业成了绍兴经济的支柱产业,中国轻纺城应运而生,绍兴成了亚洲地区纺织品交易中心、亚洲地区最大的轻纺产品集散地。

日出华舍万丈绸(绸庄、布庄)

说明:华舍纺织业起步早,规模大,影响深远。《浙江丝绸文化史》记载:从清光绪二十一年(1895)至宣统三年(1911)的 15 年间,以生产(丝绸)生货为主的山阴县华舍一带,生产不断发展,绸市日益旺盛。机户从 586 户增加到 1059 户,织机从 880 台增加到 2650 台。华舍纺绸、大绸名扬浙江,牌子最老、声誉最高的绸庄有"泰和裕""新泰和""新裕和""惠记"等,其中"惠记"绸庄旺盛时期年销量达 3 万匹。而这些绸庄的纺绸除了部分满足当地需要外,大多销售到绍兴以外的地方,通过西小江、浙东运河或古纤道运往全国各地。绸市的繁荣,带来百业兴旺。民国初期华舍已有"庆昌""永昌"等钱庄,中国银行也在华舍设立办事处,酒楼、茶馆等应有尽有,华舍被誉为"小上海"。中华人民共和国成立后,华舍在老街(时称"当街")建起了当地最早的纺织厂。

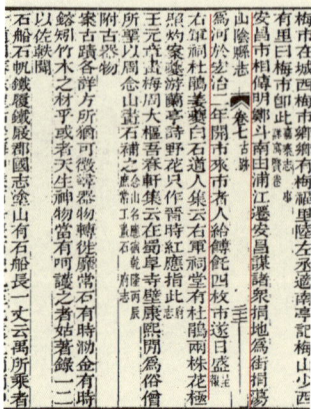

释读:"安昌市,相传明郑斗南由浦江迁安昌,谋诸众捐地为街,捐荡为河,于宏(弘)治二年开市。来市者人给……四枚市遂日盛(呈报)。"

《嘉庆山阴县志》中有关安昌布市的记载

说明:明弘治二年(1489),温岭人郑斗南在安昌开市。为吸引百姓来安昌,他以来者赏烧饼四枚为报答,安昌商市因此日渐兴旺。同时,他兴修水利,开垦荒地,疏浚河道,广植棉花和水稻,引进纺织技术,逐渐形成了安昌以花(棉花)、布、米为主的商贸交易中心。发展到清末民初,安昌已成为绍兴四大名镇之一。当时的安昌不仅是浙东航运线上的主要商埠码头之一,同时也是连接绍兴西北部、萧山东部乃至毗邻的上虞、杭州等方圆百余里之地的产品集散地。尤其是在棉纺织业方面,安昌"挟水运之利,仗物产之丰",成为当时整个浙东地区的重要棉花集散地。而浙东运河和古纤道自然为棉纺运销全国各地发挥了极其重要的作用。"银安昌"之誉,表明了这里纺织品的远近闻名。

唐诗之路

浙东运河西段(古纤道绍兴柯桥段)由于曾有李白、杜甫、贺知章、王维等四十余位唐代著名诗人造访,而与曹娥江、剡溪、天姥山、天台山等构成"浙东唐诗之路"。这条线路大致范围始于钱塘江,经西兴到鉴湖(浙东运河、古纤道),再到绍兴城,一条至若耶溪,另一条再沿东鉴湖(浙东运河、古纤道)至曹娥江,经剡溪至天台山。唐代之后,一直到近代,陆游、范成大、秦观、朱彝尊、齐召南、鲁迅等著名文人都曾途经浙东运河或古纤道,留下不少传世作品。

山　阴

齐召南

镜中看竹树,人地总神仙。

白玉长堤路,乌篷小画船。

有山多抱墅,无水不连天。

朝暮分南北,风犹感昔贤。

说明:清代诗人齐召南在《山阴》诗中赞美绍兴古纤道为"白玉长堤路"。

白塔洋

谢　聘

白塔洋边野涨平,船窗孤倚记邮程。

囊琴匣剑随身伴,画橹乌篷劈浪行。

岸曲有人都入画,春深无树不啼莺。

丛丛树木知村落,遥望先闻犬吠声。

说明:清代诗人谢聘坐船到白塔洋(陶堰段浙东运河古纤道边)看到春天美丽的景色时写下的诗句。

民俗文化

浙东运河古纤道不仅给航运、商运等带来了极大的便利,促进了地方经济的发展,而且丰富了群众的业余文化生活,使沿岸的居民真切地感受到运河纤道文化独特的魅力。同时,古纤道也吸引了许多国内外游客前来游览观光,入选多种画册、书籍,被多家影视拍摄公司列为外景拍摄基地,成为宣传绍兴的一张金名片。

古纤道边百艘乌篷船争吉尼斯世界纪录

说明:2012年9月26日,100多艘乌篷船首尾相连,宛如长龙,从柯桥浙东运河支流坂湖的金地天玺游艇码头出发,行驶到与古纤道相连的瓜渚湖。沿岸市民不仅可以看到船老大手脚并用,展示精彩的水乡划船技艺,还可以观赏到美船娘撑着油纸伞站在船头,再现水乡风情。整个船队全长3.5千米,以每10艘乌篷船为一个方阵。活动由当时的绍兴县人民政府、县旅游局主办,"最长乌篷船队"申报了吉尼斯世界纪录。

2010 年 6 月 16 日,古纤道柯东廊桥段龙舟比赛现场

2005 年 6 月 21 日、10 月 14 日,浙东运河(陶堰段)龙舟赛

外宾游览古纤道留影

　　说明:积淀了千余年的古纤道文化同样受到外国游客的青睐。他们行走在纤道上,尽情饱览中国水乡风光。

古纤道被作为画册、书籍的封面照片

说明： 修复后的纤道成为绍兴对外宣传的一张名片，其悠久的历史和独特的品位，折射出绍兴深厚的文化底蕴。

结束语

　　古纤道，大运河上一道独特的风景线，由古及今一直为当地的经济、社会、文化发展发挥着重要的作用。切实保护好现存古纤道，需要社会各界的积极参与。进一步挖掘好运河、纤道文化，讲好运河、纤道故事，需要一代又一代人前赴后继。相信通过大家的共同努力，在当地政府的高度重视和大力支持下，随着大运河申遗工作的进一步推进，大运河、古纤道两岸的环境将会变得更美，运河纤道的魅力将会进一步绽放，运河两岸的人们也将在"世界文化遗产"的成果中获得实惠，享受生活。

阳明园文化陈列馆03

概　述

王阳明,名守仁(1472—1529),字伯安,出生在绍兴府余姚,后迁居山阴。因曾筑室于会稽山阳明洞,自号阳明子,后人称阳明先生。

王阳明是明代著名哲学家、教育家、军事家、文学家,"阳明心学"的开创者。他成长在绍兴,又长期在绍兴讲学,情系绍兴,归葬绍兴,与绍兴有着深厚的情缘。绍兴为"阳明心学"的形成奠定了坚实基础,是阳明思想的发端和成熟之地。从明代至今,来绍兴瞻仰阳明先生、传承"阳明心学"的人士络绎不绝,尤其是先生生前亲择的墓地,是历朝历代官员和众多著名人士纪念阳明先生的必到之地。近年来,绍兴市委、市政府,柯桥区委、区政府高度重视对国保单位王阳明墓的保护和利用工作,实施了王阳明墓环境提升改造和"阳明园"建设项目,使墓地的生存环境、生态风貌有了极大改观。阳明园文化陈列馆作为"阳明园"的重要组成部分,以缅怀传承为主题,通过"定居越城""归葬兰亭""缅怀先哲""知行合一·修身为官"等四部分陈展内容,展现阳明先生与绍兴的情结,后学对阳明心学的传承,等等。相信绍兴对阳明思想的传承和弘扬将会进入新的起点。

第一部分　定居越城

　　王阳明,祖籍山阴(今属绍兴),生于绍兴府余姚县(今宁波余姚)。他是陆王心学之集大成者,与孔子、孟子、朱熹并称为孔、孟、朱、王,是中国古代最具代表性的原创性哲学思想家之一。弘治十二年(1499)进士,历任刑部主事、庐陵知县、南京太仆寺少卿、南京鸿胪寺卿、右金都御史、南赣巡抚、两广总督等职,官至南京兵部尚书、都察院左都御史,因平定宸濠之乱而被封为新建伯,隆庆年间追赠新建侯。

　　王阳明少年时随父亲王华迁回山阴即绍兴越城,曾筑室绍兴宛委山阳明洞,默坐静思,使其心学思想初步形成。晚年在越城设立书院,开展大规模讲学活动,培养了众多弟子。

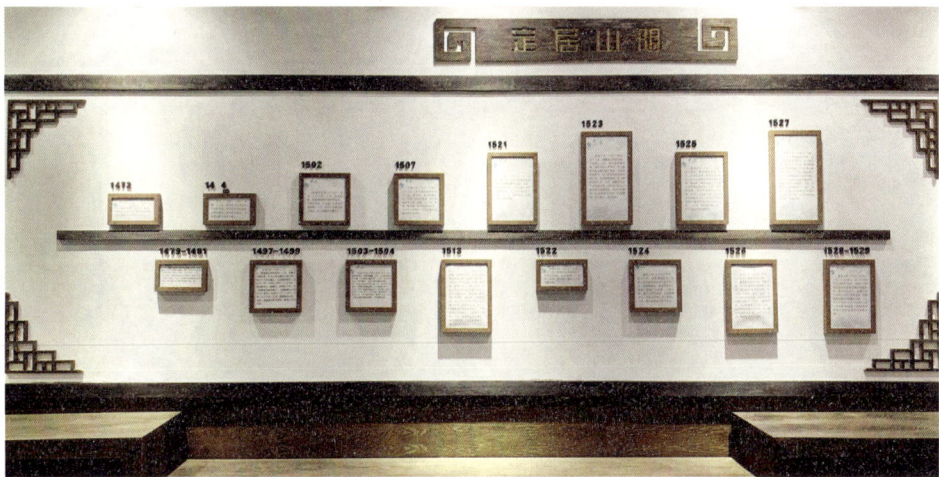

王阳明在绍兴的几个重要时间节点

说明：成化八年(1472)，壬辰年，农历九月三十日，生于浙江绍兴府余姚县(今浙江余姚市)。

成化十六年(1480)，庚子年，九岁。是年秋，父王华浙江乡试中举，第二名。

成化十七年(1481)，辛丑年，十岁。与母郑氏同居越城山阴光相坊。是年春父王华赴京师参加会试，第三十三名；三月参加延试，第一甲第一人(状元)，授翰林院修撰。

成化二十年(1484)，甲辰年，十三岁。母郑氏卒于京师长安西街官舍。与父王华同归越城山阴光相坊，居丧哭泣甚哀。母郑氏初葬于余姚穴湖山。

弘治十年(1497)，丁巳年，二十六岁。居越城山阴光相坊。三月，与秦文兰亭吟唱，作《兰亭次秦行人韵》诗；冬十二月游会稽山。是年留情武事，凡兵家秘籍，莫不深究。

弘治十一年(1498)，戊午年，二十七岁。居越城山阴光相坊。春游秦望山、峨嵋山，夜宿云门寺，作《游秦望用壁间韵》《登峨嵋山归经云门》等诗。

弘治十二年(1499)，己未年，二十八岁。二月，会试中南宫第二名，赐二甲进士出身第七人。三月，登第荣归山阴、余姚，居越城山阴光相坊、秘图山王氏旧居。五月，回京师，观政工部。

弘治十五年(1502)，壬戌年，三十一岁。八月，告病归越，筑室阳明洞天，自号阳明子，与师友许璋、王文辕、王琥等学道静修。

弘治十六年(1503)，癸亥年，三十二岁。居阳明洞天，后移疾钱塘。正月，应山阴白浦朱节之请，作《陈处士墓志铭》。三月，经山阴牛头山，游牛峰寺，作《游牛峰寺四首》。六月，应绍兴知府佟珍之请，作《答佟太守求雨》，并亲往南镇殿祈雨，作《南镇祈雨文》。九月，再作《新建预备仓记》以述其事。

弘治十七年(1504)，甲子年，三十三岁。居阳明洞天。四月初一，作《别友诗》；四月十五日，又作《送内兄诸用冕赴南都》，于若耶溪送别。

正德二年(1507)，丁卯年，三十六岁。是年春，徐爱拜师王门；秋，蔡宗兖、朱节执弟子礼。十月，父王华罢官，与父自南都归山阴、余姚。十二月，徐爱、蔡宗兖、朱节赴京师会试，作《别三子序》。后自山阴经钱塘赴贵州龙场驿。

正德八年(1513)，癸酉年，四十二岁。二月，与徐爱等同舟归越，居阳明洞天。五月,偕徐爱赴余姚龙泉山避暑于清风亭,与友人、弟子许璋、王琥、蔡宗充、朱节一起从上虞入四明山探胜,行吟足迹遍及整个四明山脉——观白水、寻龙溪、登杖锡、至雪窦、望天姥,后取道赤城,至七月二日自宁波返还余姚,作有《四明观白水二首》《杖锡道中用张宪使韵》《登妙高台观石笋峰》《游雪窦》等诗。九月,再游牛峰寺,结浮峰诗社,作《又游牛峰寺四绝句》诗。

正德十六年(1521),辛巳年,五十岁。八月,升南京兵部尚书,便道省葬归山阴。九月,归余姚省祖茔,访瑞云楼,与宗族亲友宴游,七十四位余姚学子受学。十一月,封新建伯,岁禄千石,诰券世袭。

嘉靖元年(1522),壬午年,五十一岁。居越城山阴状元府。二月十二日,父王华卒,丁父忧。七月,致书杨一清为父王华作墓志铭。

嘉靖二年(1523),癸未年,五十二岁。居越城山阴状元府,丁父忧。二月,邹守益来越问学,送别于牛头山,作《夜宿浮峰次谦之韵》等诗;又移舟宿延寿寺,作《再游延寿寺次旧韵》诗;登镇海楼,作《题镇海楼》诗。九月,改葬父王华于天柱峰之阳,葬母郑氏于徐山。四方来从学者日众,在状元府基础上扩建新建伯府第,挖碧霞池,筑观象台,建天泉桥。

嘉靖三年(1524),甲申年,五十三岁。居新建伯府第。正月,绍兴知府南大吉以座主称门生,偕弟南逢吉、侄南轩受学。四月,服阕,未起复。八月中秋,宴门人于天泉桥,设席碧霞池上,作有《月夜二首》等诗。十月,南大吉续刻《传习录》。

嘉靖四年(1525),乙酉年,五十四岁。居新建伯府第。正月,夫人诸氏卒,四月祔葬于徐山。南大吉在稽山书院增建明德堂、尊经阁,阁成,王阳明作《稽山书院尊经阁记》。九月,归余姚省墓,定会于龙泉寺之中天阁,亲书三八会期于壁,作《书中天阁勉诸生》。十月,立阳明书院于越城西郭门内光相桥之东。十二月,南大吉考满入觐,作《送南元善入觐序》。

嘉靖五年(1526),丙戌年,五十五岁。居新建伯府第。三月,董澐再来绍兴问学,游香炉峰,作《和董萝石菜花韵》等诗;僧玉芝法聚赟谒,作《答人问良知二首》。五月,与门人诸生讲学吟唱,作《咏良知四首示诸生》。六月,上虞潘府卒,作《挽潘南山》诗。九月,祖母族弟岑鼎涉江来访,作《赠岑东隐先生》诗。十二月十二日,继室张氏生子正聪。

嘉靖六年(1527),丁亥年,五十六岁。居新建伯府第。八月,将赴两广前,作《客座私祝》以戒子弟。委托家政及亲子正聪于魏廷豹,托继子正宪于钱德洪、王畿。九月八日,启程赴两广。是夕,钱德洪、王畿侍坐碧霞池之天泉桥上,阐发四句教,即中国哲学史上所称"天泉证道"。

嘉靖七年,戊子年十一月二十九日辰时,按今公元纪年为1529年1月9日,病逝于江西南安府大余县青龙铺的归越舟中,享年五十七岁。嘉靖八年(1529)己丑二月初四,灵柩抵绍兴越城伯府第之中堂;十一月十一日,即1529年12月11日归葬兰亭洪溪(今绍兴市柯桥区兰亭街道花街村鲜虾山麓)。

定居越城之归迁山阴

据《嘉庆山阴县志》《阳明年谱》等文献记载：王阳明祖籍山阴，出生余姚，后因其父亲王华考中状元，思念绍兴，遂举家从余姚迁回绍兴，定居于越城光相坊一带。

光相坊旧居（也称东光坊），在绍兴市越城区下大路一带，现光相桥东，为王华及阳明之宅第。王阳明的少年和晚年在此度过。

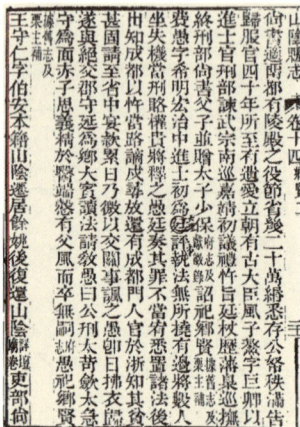

释读："王守仁，字伯安，本籍山阴，迁居余姚，后复还山阴。"

《嘉庆山阴县志》中有关王阳明归迁山阴的记载

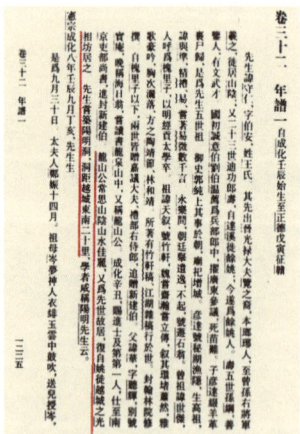

释读："常思山阴山水佳丽，又为先世故居，复自姚徙越城之光相坊居之。"

《阳明全集·年谱》中有关王阳明归迁山阴的记载

光相坊旧居

光相桥

说明: 光相桥位于绍兴城区北海桥直街东首,因桥畔原有光相寺而得名。系单跨石拱桥,南北向横跨老城河,全长30余米。根据桥上题刻,该桥元至正元年(1341)重建,明隆庆元年(1567)重修。

定居越城之阳明洞求道

王阳明 10 岁(少年时)随父王华迁回山阴(绍兴)之后,就赴京师(北京)为科举考试而攻读经史。他 17 岁结婚,21 岁乡试中举,22 岁会试下第,27 岁闻道士谈养生,28 岁中进士授刑部主事,因遭朝中奸人排斥,告病归越。归越后,他息交绝游,闭门读书,于弘治十五年(1502,31 岁)至十七年(1504,33 岁)在宛委山阳明洞默坐慎思,求道论学,逐步建立心学体系,为后来"龙场悟道"打下了坚实基础。遂自号阳明子,世称阳明先生。

阳明洞天夜景

阳明洞天局部

　　说明：阳明洞，又称阳明洞天，是道教三十六小洞天之一，即第十一洞天（名"极玄太元之天"）。位于绍兴市城区东南部的宛委山，那里有一块巨石，中有大罅，可容数人。王阳明曾在此闭门读书，默坐慎思，求道论学，逐步建立心学体系，为后来"龙场悟道"打下了坚实基础。遂自号阳明子，世称阳明先生。

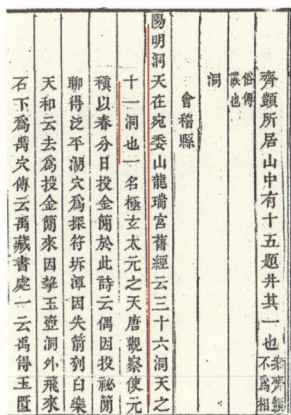

《嘉泰会稽志》中关于阳明洞的记载

　　释读："阳明洞天在宛委山龙瑞宫，《旧经》云：三十六洞天之十一洞也。"

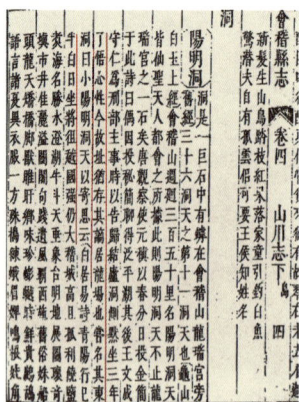

《康熙会稽县志·山川志》中关于王阳明"阳明洞天"结庐修道的记载

释读:"王文成守仁为刑部主事时,以告归结庐洞侧,默坐三年,了悟心性,今故址犹存。其谪居龙场也,尝名其东洞曰小阳明洞天,以寄思云。"

定居越城之新建伯府

王阳明父王华,明成化年间状元,官至南京吏部尚书。因思念绍兴而举家迁居山阴,一开始居住于光相坊旧居,后因房子小而旧,又花五年时间择地新建状元府。王阳明封"新建伯"后,其府称为"伯府"。王阳明在越地讲学时,对伯府曾做进一步的扩建。

新建伯府即王阳明故居遗址,位于绍兴市越城区北海街道王衙弄吕府之北(吕府为明嘉靖年间礼部尚书吕本的府第,有十三座厅堂组成,俗称"吕府十三厅")。伯府原建筑十分讲究,梁架均用楠木,故有"吕府十三厅,不如伯府一个厅"之说。可惜因历史变迁,多数建筑现已被焚毁,今存碧霞池、石门框、饮酒亭和观象台等遗迹。

王阳明故居遗址曾是王阳明在绍兴城内的居住、讲学处。王阳明少年时、成年后和晚年都曾居住于此,特别是晚年在此居住过六年时间。现为绍兴市文物保护单位。

碧霞池

说明：碧霞池，当地百姓俗称"王衙池"，原为新建伯府花园内的一个池塘。王阳明在越期间，曾和弟子们一起在池边赏月论道。据长居此处的老年居民回忆，在1958年前，池上有亭台楼阁、水榭回廊，四周香樟参天，翠柏遮阳。现池有所缩小，池长35米，宽25米；四周池壁用长条石错缝叠砌，上用青石板压口；池四角及池壁中间均设置石踏步，以方便取水。

石门框

说明：原为伯府第的一座石门。原有四柱三间，现西次间石柱已毁，仅存三柱二间。门额圆雕缠枝纹，天盘石下口雕刻莲花瓣，上口建筑已毁，此石门框残余部分高3.80米，宽6.60米。

饮酒亭

    说明：饮酒亭原为伯府第的一座楼，据传为饮酒之处。建筑坐西朝东，原面宽五开间（现存四开间，南侧为一弄）。前廊已毁，南侧为歇山顶，面向碧霞池，北侧为硬山顶。占地96平方米。

观象台遗址

    说明：观象台原在一座人工堆积的小土丘上，为伯府第的人望星、赏月的地方。现山顶已辟为平地，平面呈长方形，四周基础用石块围砌，上新建有围廊和建筑，长53米，宽17米，高2.35米。现为"新稽山书院"（王阳明研究院）办公场所之一，供游客游览。

定居越城之书院讲学

王阳明一生以讲学教化为要务。除在家乡一带讲学,他还在贵阳文明书院、龙冈书院讲学授徒,在南赣立社学,举乡约,修濂溪书院,在九江白鹿洞书院著书讲学,在广西、广东也有创书院、兴讲学之举。

平定朱宸濠谋反之后,他辞官返乡,于嘉靖元年(1522 年,51 岁)至嘉靖七年(1528 年,57 岁),在绍兴越城阳明书院和稽山书院等处讲学,曾出现门徒数千之盛况。这是王阳明整个哲学思想体系的最后成熟阶段。

稽山书院旧址

说明: 稽山书院原址位于绍兴越城内卧龙山之南,与越王台相望。为北宋范仲淹创立,是当时绍兴最高学府,后来南宋朱熹曾到这里讲学,王阳明讲学时最为鼎盛。据记载,除当时绍兴府所属八个县的子弟竞相来书院外,还有南北各省人士闻风齐奔越城受教,以致房舍狭小拥挤不下。其弟子钱德洪、王畿等均入学听课。时任绍兴知府南大吉拜王阳明为师,反复问学,受教殊深,后修复稽山书院,建尊经阁,并请王阳明撰写《稽山书院尊经阁记》。

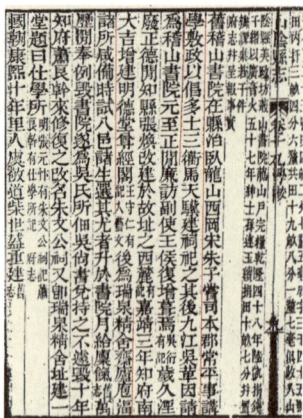

释读:"旧稽山书院在县治卧龙山西冈……嘉靖三年,知府南大吉增建明德堂、尊经阁。"

《嘉庆山阴县志》中有关稽山书院的记载

《稽山书院尊经阁记》

王阳明

经,常道也。其在于谓之命,其赋于人谓之性,其主于身谓之心。心也,性也,命也,一也。通人物,达四海,塞天地,亘古今,无有乎弗具,无有乎弗同,无有乎或变者也,是常道也。其应乎感也,则为恻隐,为羞恶,为辞让,为是非。其见于事也,则为父子之亲,为君臣之义,为夫妇之别,为长幼之序,为朋友之信。是恻隐也,羞恶也,辞让也,是非也;是亲也,义也,序也,别也,信也,一也。皆所谓心也,性也,命也。

通人物,达四海,塞天地,亘古今,无有乎弗具,无有乎弗同,无有乎或变者也,是常道也。以言其阴阳消息之行焉,则谓之《易》;以言其纪纲政事之施焉,则谓之《书》;以言其歌咏性情之发焉,则谓之《诗》;以言其条理节文之著焉,则谓之《礼》;以言其欣喜和平之生焉,则谓之《乐》;以言其诚伪邪正之辩焉,则谓之《春秋》。是阴阳消息之行也,以至于诚伪邪正之辩也,一也。皆所谓心也,性也,命也。

通人物,达四海,塞天地,亘古今,无有乎弗具,无有乎弗同，无有乎或变者也，夫是之谓六经。六经者非他，吾心之常道也。故《易》也者，志吾心之阴阳消息者也；《书》也者，志吾心之纪纲政事者也；《诗》也者，志吾心之歌咏性情者也；《礼》也者，志吾心之条理节文者也；《乐》也者，志吾心之欣喜和平者也；《春秋》也者，志吾心之诚伪邪正者也。君子之于六经也，求之吾心之阴阳消息而时行焉，所以尊《易》也；求之吾心之纪纲政事而时施焉，所以尊《书》也；求之吾心之歌咏性情而时发焉，所以尊《诗》也；求之吾心之条理节文而时著焉，所以尊《礼》也；求之吾心之欣喜和平而时生焉，所以尊《乐》也；求之吾心之诚伪邪正而时辩焉，所以尊《春秋》也。

盖昔者圣人之扶人极、忧后世而述六经也，犹之富家者之父祖，虑其产业库藏之积，其子孙者或至于遗忘散失、卒困穷而无以自全也，而记籍其家之所有以贻之，使之世守其产业库藏之积而享用焉，以免于困穷之患。故六经者，吾心之记籍也，而六经之实，则具于吾心。犹之产业库藏之实积，种种色色，具存于其家，其记籍者，特名状数目而已。而世之学者，不知求六经之实于吾心，而徒考索于影响之间，牵制于文义之末，硁硁然以为是六经矣。是犹富家之子孙，不务守视享用其产业库藏之实积，日遗忘散失，至为窭人丐夫，而犹嚣嚣然指其记籍曰："斯吾产业库藏之积也。"何以异于是？

呜呼！六经之学，其不明于世，非一朝一夕之故矣。尚功利，崇邪说，是谓乱经。习训诂，传记诵，没溺于浅闻小见，以涂天下之耳目，是谓侮经。侈淫辞，竞诡辩，饰奸心盗行，逐世垄断，而犹自以为通经，是谓贼经。若是者，是并其所谓记籍者而割裂弃毁之矣，宁复知所以为尊经也乎？

越城旧有稽山书院，在卧龙西冈，荒废久矣。郡守渭南南君大吉，既敷政于民，则慨然悼末学之支离，将进之以圣贤之道，于是使山阴令吴君瀛拓书院而一新之，又为尊经之阁于其后，曰："经正则庶民兴，庶民兴斯无邪慝矣。"阁成，请予一言以谂多士。予既不获辞，则为记之若是，呜呼！世之学者得吾说而求诸其心焉，则亦庶乎知所以为尊经也矣。

说明：此文为王阳明在稽山书院讲学时应绍兴知府南大吉邀请而作。

阳明书院旧址

说明：据《阳明年谱》记载，嘉靖四年(1525)十月，王阳明在绍兴讲学时，因门徒日多，其弟子遂增设一书院，即阳明书院。书院在越城西郭门内光相桥之东。书院现在位置大约在光相桥东下大路上。遗址上现有后期建筑。

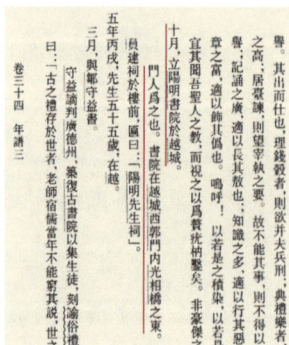

《王阳明全集·年谱》中有关阳明书院的记载

定居越城之赤子情怀

绍兴是王阳明求道论学、身心修炼之地。王阳明在世57年，其中有十四五年的时间是在绍兴度过的。他几乎走遍了绍兴的山山水水，留下了许多与绍兴有关的诗文。从与"兰亭""云门寺""香炉峰""阳明洞天""浮峰山"等重要文物遗迹相关的这些"居越诗"中我们看到王阳明的绍兴情结。王阳明去世后，被安葬在其生前亲择的绍兴兰亭花街鲜虾山麓，这更透露出他对绍兴的赤子情怀。

兰亭次秦行人韵

王阳明

十里红尘踏浅沙，兰亭何处是吾家？

茂林有竹啼残鸟，曲水无觞见落花。

野老逢人谈往事，山僧留客荐新茶。

临风无限斯文感，回首天章隔紫霞。

说明：春秋时越王勾践在渚山种兰，后其山称为兰渚山。东汉时在兰渚山下始建驿亭，遂定名兰亭。兰亭因东晋会稽内史王羲之主持永和修禊之会而声名远播，更因"天下第一行书"——《兰亭集序》而成为书法圣地。该诗原载明张元忭《兰亭遗墨》(已佚)，后收入清沈复粲编《山阴道上集》(三十四册，不分卷，清嘉庆年间稿本，天津图书馆藏)。诗题中的"秦行人"即秦文(1463—1529)，浙江临海人，弘治五年(1492)浙江乡试解元(王阳明也是这年中举，两人有同年之谊)，弘治六年(1493)中进士。秦文于弘治八年(1495)到弘治十年(1497)担任南京行人之职，故王阳明与秦文两人在绍兴兰亭的暮春吟唱应不迟于弘治十年(1497)。

登峨嵋山归经云门

王阳明

一年忙里过，几度梦中游。

自觉非元亮，何曾得惠休。

乱藤溪屋邃，细草石池幽。

回首俱陈迹，无劳说故丘。

说明：云门寺坐落在绍兴城南三十里外的平水镇秦望山麓，是集历史、佛教、文化于一体的千年古刹，而峨嵋山与云门寺有十里之距，即《嘉泰会稽志》和万历《绍兴府志》中所载的"刻石山"，又名"鹅鼻山"。历代文人凡到会稽（唐称越州，南宋以后称绍兴）莫不与云门寺结下不解之缘，"夜宿云门"成为文人们的普遍情结。王阳明早年悠游越中山水，沉溺于"佛道二氏"之学，并在名刹云门寺与佛结缘。该诗见明张元忭编《云门志略》卷五，王阳明在登峨嵋山后回到云门寺夜宿，应与《游秦望用壁间韵》同作于弘治十一年（1498）春。

登香炉峰次萝石韵

王阳明

曾从炉鼎蹑天风，下数天南百二峰。

胜事纵为多病阻，幽怀还与故人同。

旌旗影动星辰北，鼓角声回沧海东。

世故茫茫浑未定，且乘溪月放归蓬。

说明：香炉峰位于绍兴大禹陵西南约五里处，东与宛委山相毗连，为会稽山别峰。其旋折如螺，山顶巨石环拱，状若炉鼎，故名之。山上曾建有天柱山寺，至宋始称"南天竺"，为驰名遐迩的观音道场。明清之际，一度冷落改为尼庵，现名"炉峰禅寺"，为越中名刹。该诗王阳明作于嘉靖三年（1524）到五年（1526）间。

别友诗

王阳明

千里来游小洞天，春风无计挽归船。

柳花缭乱飞寒白，何异山阴雪后天。

说明： 阳明洞天位于绍兴城东南宛委山，是道教三十六小洞天中的第十一洞天，其核心区域在龙瑞宫。它是王阳明早年筑室悟道的起点，对心学的形成有发端之功。王阳明自号为阳明子是对道教圣地的钟爱和学道经历的忘情。该诗有王阳明手迹扇面纸本，藏湖北省博物馆。诗的后记题有"□年来访于阳明洞天，其归也，赋首尾韵。以见别意。弘治甲子四月朔，阳明山人王守仁书"，即知王阳明此诗作于弘治十七年(1504)四月初一。

云门寺

说明： 云门寺位于绍兴市柯桥区平水镇平阳村。原为东晋中书令王献之旧宅，东晋义熙三年(407)，奉诏建云门寺，后寺名几度变化，明天启三年(1623)才恢复云门寺旧名，一直沿用至今。其系越中书法圣地，佛教盛寺，浙东唐诗之路重要节点。明弘治十一年(1498)，阳明先生27岁，春游秦望山、峨嵋山，夜宿云门寺，作《游秦望用壁间韵》《登峨嵋山归经云门》等诗。

浮峰诗社旧址

　　说明：该址位于绍兴市柯桥区钱清牛头山。明正德年间，王阳明与文人多次在浮峰山结社讲学，称为"浮峰诗社"。浮峰山即现钱清与杨汛桥交界处的牛头山。当时王阳明曾将其改名为浮峰山。

天泉证道（场景）

　　说明：场景中的人物为王阳明、王畿、钱德洪三人；背景图为王阳明故居之碧霞池天泉桥上。明嘉靖六年(1527)九月初八，王阳明出征广西平乱前夜，在天泉桥就两位弟子王畿、钱德洪对"心学四诀"理解的分歧展开讨论。王畿主张：心体既是无善无恶的，意亦是无善无恶，知亦是无善无恶，物亦是无善无恶，即四无说。钱德洪主张：心体原本无善恶，今习染既久，觉心体上见有善恶在，为善去恶，正是复那本体功夫。若见得本体如此，只说无功夫可用，恐只是见耳，即四有说。两人争论不休，最后阳明先生对"心学四诀"进行了阐述，这就是有名的天泉证道。

第二部分 归葬兰亭

我国自古就有归葬传统。明嘉靖七年(1528)农历十一月廿九日(公历 1529 年 1 月 9 日)辰时,王阳明因积劳成疾,病逝于江西南安府(今大余县)。根据他生前的意愿,其弟子将灵柩护送回绍兴,安葬于他生前亲择的兰亭花街鲜虾山洪溪(今绍兴市柯桥区兰亭街道花街村鲜虾山南麓)。王阳明的墓地风水极好,北倚鲜虾山,南有大岗山,山南麓有洪溪(今称兰亭江)环绕。可谓水缠玄武,水聚明堂,取鲜虾活水,呈"抖水鲜虾"之风水格局。

王阳明墓全景

王阳明墓"心"字形墓冢

说明：阳明先生之墓，位于绍兴市柯桥区兰亭街道鲜虾山南麓，墓冢造型很好地体现了"心学"思想。

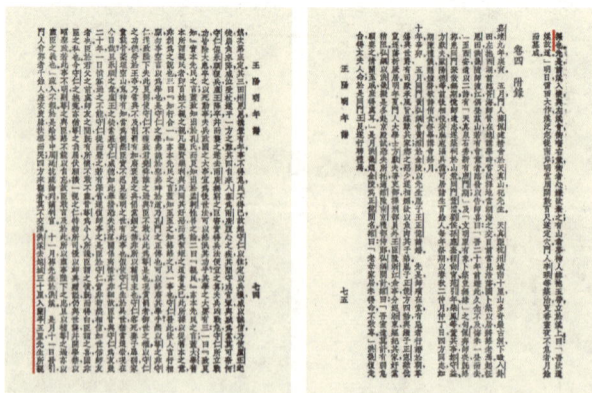

《王阳明全集》中关于王阳明葬于兰亭洪溪的记载

释读："洪溪去越城三十里，入兰亭五里，先生所亲择也。"

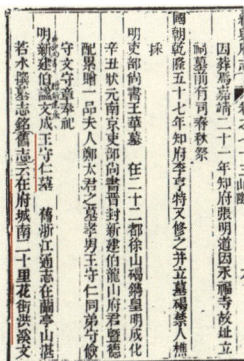

乾隆《绍兴府志》中关于王
阳明墓的记载

释读："王守仁墓在府城南二十里花街
洪溪……"

说明：右图出自林徽因
等著的《风生水起：风水方
家谭》。此墓为王阳明亲自
卜定，所倚之山名鲜虾山，
南面之水名洪溪。鲜虾遇
水，生机勃勃，乡民称该处
风水格局为"抖水鲜虾"。

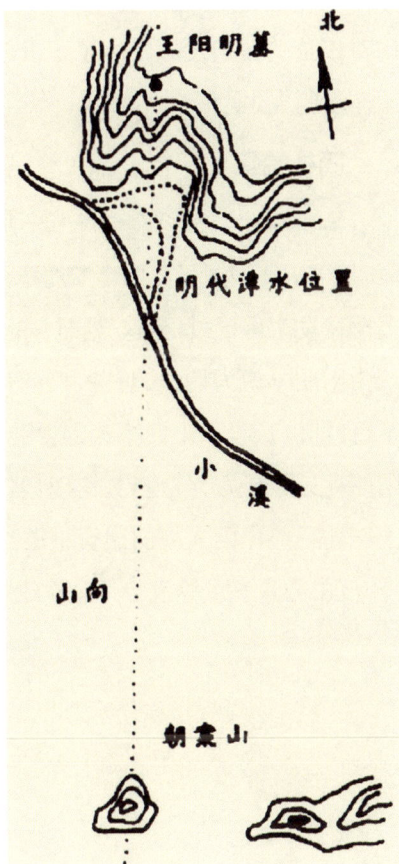

王阳明墓风水形势图

第三部分　缅怀先哲

王阳明墓自明嘉靖年间始建,明隆庆年间扩建,清康熙年间绍兴知府俞卿重修,乾隆年间乾隆皇帝赐"名世真才"额,阳明后代补立墓碑,抗日时期将领陶广立碑励志,直至近现代周恩来拜谒王阳明墓,历朝历代帝王将相、国内外热心人士和地方政府均对该墓的保护发展做出了积极努力,他们以各种不同方式来缅怀阳明先生。

简朴始建

明嘉靖七年农历十一月二十九日(公历 1529 年 1 月 9 日)辰时,王阳明病逝于江西南安府章江船上。嘉靖八年正月,先生灵柩丧发南昌,二月至越。当时,由于遭到吏部尚书桂萼等弹劾,认为阳明学说为伪学,明世宗听信谗言,下诏停止世袭,恤典俱不行(即停止了王阳明享有的世袭"新建伯"待遇,取消了对王阳明死后给予赐祭、追封、树碑、建祠等的丧葬善后事宜),阳明的丧葬只能由门人故旧出资相助。故初葬阳明时,坟墓十分简朴,仅由门人李琪等筑治月余就建成了。

说明：王阳明功高遭忌，被斥为"伪学"，受到弹劾，明世宗遂下诏停止"新建伯"世袭，恤典俱不行，故王阳明丧葬十分简朴。

《明史·王阳明本传》中关于王阳明遭诬陷之记载

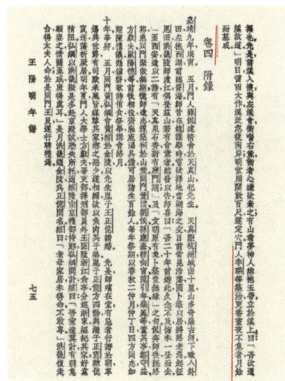

《王阳明全集》中关于王阳明墓简朴初葬的记载

说明：李珙字侯璧，永康人，明大理寺丞，曾讲学于五峰书院。其"有志理学，徒步见阳明先生于越，授以致良知之诀。珙独居精思，尽得其旨。同门钱绪山、王龙溪辈推重之，在东乡聘主豫章书院教事，及升溆浦。日与同志发明师训，听从者众。平居不事生业，死之日惟曰：只此见在良知，吾今紧密受用，性命皆了。著有质疑稿若干卷"。

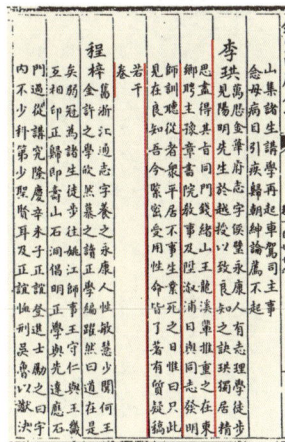

《钦定四库全书·浙江通志》中有关王阳明门人李珙的记载

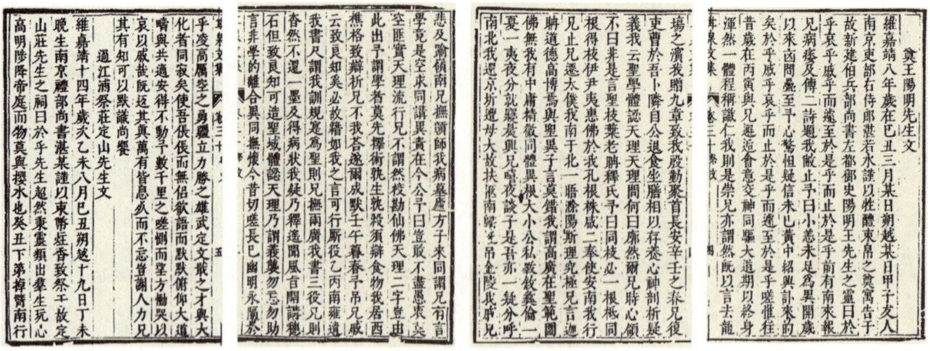

湛若水撰《奠王阳明先生文》

说明： 王阳明去世后，其好友湛若水撰《奠王阳明先生文》，并作墓志铭。

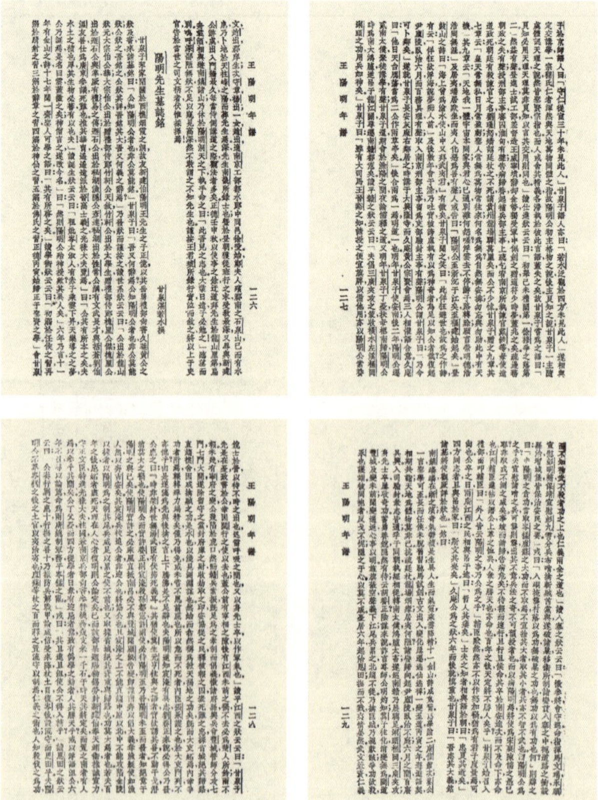

《王阳明年谱》中有关《阳明先生墓志铭》文（湛若水撰文）

说明：湛若水(1466—1560)，字元明，号甘泉，增城人，著有《湛甘泉集》。孝宗弘治年间进士，选庶吉士擢编修。世宗嘉靖初，官南京祭酒、礼部侍郎。后历南京礼、吏、兵三部尚书。少师事陈献章，后与王守仁一见定交，共以倡明圣学为事。两人交情甚笃，互有"泛观于四方，未见此人""某平生与阳明公同志，他年当与同作一传矣"的感慨。

湛若水

平反扩建

隆庆元年(1567)，明穆宗继位，在科道任职的王门后学及众多大臣的联名进谏下，朝廷对王阳明的学问、军功给予了全面肯定，于是穆宗下诏赠王阳明为"新建侯"，谥文成，并派遣行人司（明朝特有的官署名，正九品）行人赐造王阳明坟域，以"兴祭七坛"之等级扩建阳明墓。阳明墓之规模由此奠定，此后数百年多次维修，皆以此为基础。明万历十二年(1584)，明神宗下诏，从祀王阳明于孔庙，从此确立其圣人地位。

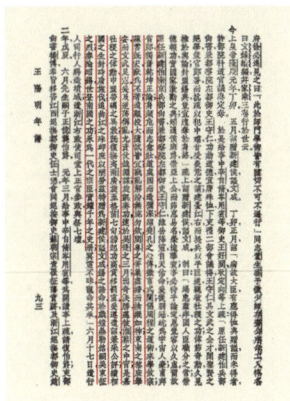

《王阳明全集》中关于朝廷对王阳明事功给予肯定、平反的记载

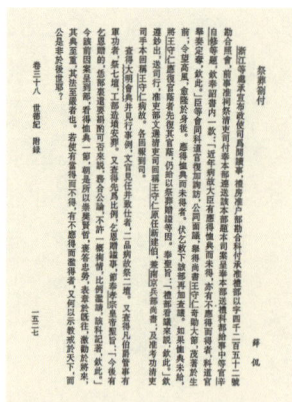

《祭葬扎付》中有关"兴祭七坛"之记载

说明:《祭葬扎付》,王阳明弟子薛侃作。

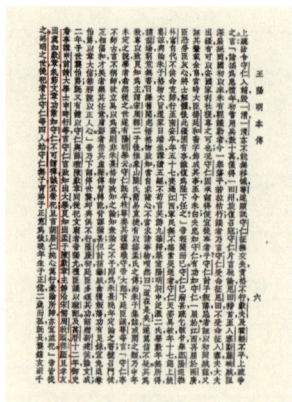

《王阳明全集》中有关王阳明"从祀孔庙"的记载

说明:万历十二年(1584),经大学士申时行等奏请朝廷,明神宗下诏,王阳明牌位进孔庙,从祀孔庙,称"先儒王子",成为明代钦定四大儒之一(另三位为薛瑄、胡居仁和陈献章)。

俞卿重修

王阳明逝后百余年,其墓因保护不周,碧草摧残,寂寥荒芜。至清初,阳明墓更为豪右所侵占。康熙五十四年(1715),绍兴知府俞卿竭尽全力肃清豪门大族侵占先生墓之状况,亲力亲为,阳明墓地终得以保全重修。

拜文成先师墓偶有侵损之虞赋慨

周汝登

参天松桧郁森森,夫子高坟是孔林。

露浥喜看千叶茂,神呵谁许一枝侵。

西风拜礼瞻依切,碧草摧残感慨深。

到此若无双泪逬,世间何事更关心。

说明:阳明再传弟子周汝登作,表达了对保护阳明墓的担忧。

乾隆《绍兴府志·祠祀》中关于俞卿重修王守仁墓的记载

说明:俞卿,字恕庵,又字元公,云南陆凉州(今云南省陆良县东北)人。清康熙二十年(1681)举人,康熙五十一年(1712)任绍兴知府。知绍十余年,治理严峻,敢于打击豪强,扶持贫弱,惩办恶吏刁民与强盗窃贼,社会秩序安定,"八邑震肃,野无行盗人"。绍兴人民深念其功,建俞公祠于永福寺门之右。

俞卿画像

赐"名世真才"

乾隆十六年(1751),乾隆皇帝南巡,至绍兴派遣胡宝瑔祭祀阳明先生祠,并御笔赐额"名世真才"。乾隆三十八年(1773),"名世真才"由阳明祠额临摹复制为阳明墓碑石,原碑今不存。

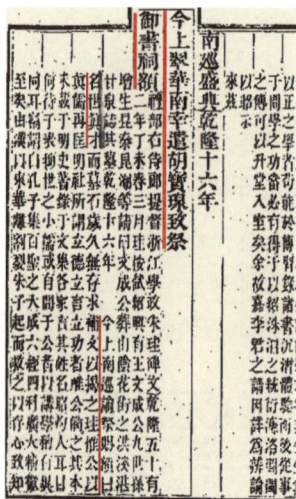

清乾隆《绍兴府志》中有关乾隆皇帝赐额"名世真才"的记载

"名世真才"碑拓片

说明："名世真才"碑拓片收录在《绍兴图书馆馆藏地方碑拓选》一书中，拓片长170厘米，宽65厘米，定名为《王文成公碑》。碑文正中乾隆御笔"名世真才"四个大字；上款，在"名"字上方正中央，钤乾隆皇帝印玺一方；下款"七世孙山西汾州府介休县知县臣王谋文恭摹勒石"。

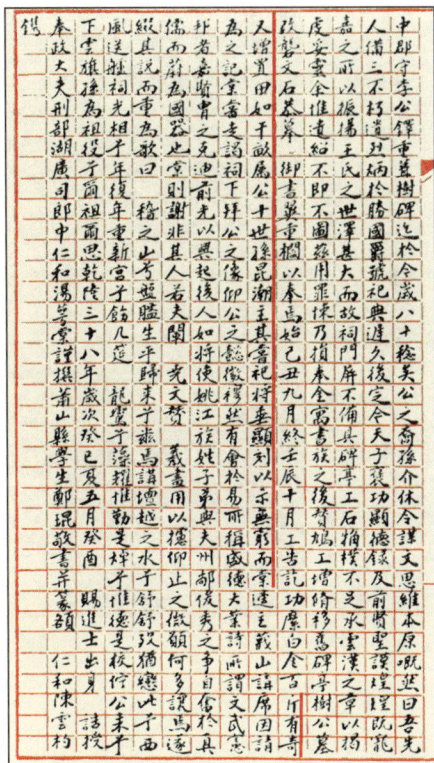

《民国绍兴县志资料》中有关"名世真才"的记载

说明：据《民国绍兴县志资料》之《重修王文成公祠记》记载，清乾隆己丑年(1769)九月至壬辰年(1772)十月，"名世真才"由祠额临摹复制为墓碑石。

补立墓碑

乾隆五十二年(1787)，阳明墓"名世真才"碑石岁久无存，阳明后代昆泰、昆潮等请补文以揭之，至乾隆五十七年(1792)，由绍兴知府李亨特立石，提督浙江学政朱珪补撰阳明先生墓碑。墓碑书者为钱塘梁同书。原碑不存，拓片收录于《绍兴图书馆馆藏地方碑拓选》，长140厘米，宽70厘米。

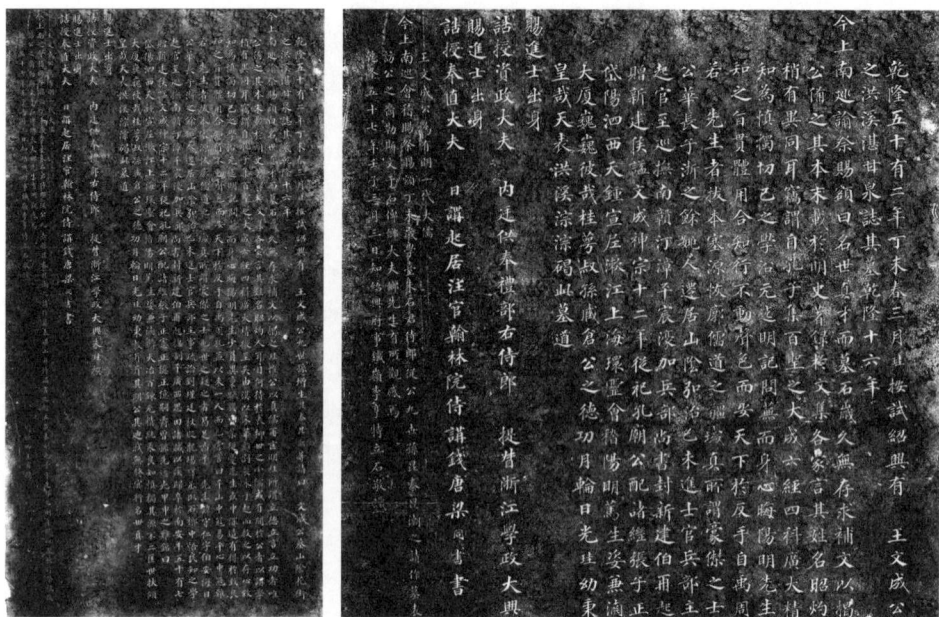

《院左都御史阳明先生王公墓志铭》（拓片）

碑记全文：乾隆五十有二年丁未春三月，珪按试绍兴，有王文成公九世孙增生昆泰、昆潮等请曰："文成公葬山阴花街之洪溪，湛甘泉志其墓。乾隆十六年，今上南巡，谕祭，赐额曰'名世真才'。而墓石岁久无存，求补文以揭之。"

珪惟公以真儒再匡明社，所谓立德、立言、立功者，唯公备之。其本末载于《明史》，著录于文集各家言，其姓名昭灼人耳目，何待于表。抑世之小儒，或有闲于公者，以讲学稍有异同耳。窃谓自孔子集百圣之大成，六经四科，广大精微至矣！由汉以来，华离割裂，朱子起而救之，以存心致知，为慎独切己之学。沿元迄明，记问芜而身心晦。阳明先生，少负异禀，蹶兴中叶，从忧患生死中，深造有得于致良知之旨，贯体用，合知行，不动声色，而安天下于反手，自三代以下，数人而已。尝言曰："平山中寇易，平心中寇难。"若先生者，拔本塞源，恢廓儒道之疆域，真所谓豪杰之士也。世之疑之者，蚍蜉撼树，曷足齿乎！先生讳守仁，字伯安，海日公华长子，浙之余姚人，迁居山阴。宏（弘）治己未进士。官兵部主事，疏论刘瑾，廷杖，贬龙场驿丞。卧石椁中，悟良知之学。瑾败，起历右副都御史、巡抚南赣汀漳、提督军务，平宸濠，拜南京兵部

180

尚书,封新建伯,忧归。再起,总制两广,平广西思田诸贼,以疾归,卒于南安,年五十有七。赠新建侯,谥文成。神宗十二年,从祀孔庙。公配诸,继张。子正宪、正亿。正亿嗣爵。曾孙先通,死甲申之难。铭曰:岱阳泗西,天锺宣尼。漱江上海,环灵会稽。阳明笃生,姿兼渊赣。大冶百链,元精纯禀。良知慎独,其源不二。匡世扶倾,大厦峭峭。彼哉桂萼,叔孙臧仓。公之德功,月轮日光。珪幼秉教,斤斤其明。公其迪我,无终冥行。名世真才,皇哉天表。洪溪淙淙,碣此墓道。

赐进士出身诰授资政大夫、内廷供奉、礼部右侍郎、提督浙江学政、大兴朱珪撰

赐进士出身诰授奉直大夫、日讲《起居注》官、翰林院侍讲、钱唐梁同书书

王文成公为有明一代大儒,今上南巡会稽,赐祭赐额。丁未岁,学台朱石君侍郎从公九世孙昆泰、昆潮之请,作墓表。梁山舟侍讲书之,越五载未刻也。予守是邦之明年,既以春秋行祭礼,复访公之裔,勒斯文于石,俾乡大夫、乡先生有所观感焉。

乾隆五十七年壬子三月三日,知绍兴府事、铁岭李亨特立石敬识刘恒卿、王宾镌。

王文成公祠,在府治北二里,祀明新建伯王守仁。康熙中,郡守李铎、俞卿参之。乾隆十六年,翠华南幸,遣左副都御史胡宝瑔致祭,御书祠额曰"名世真才"。乾隆五十二年,礼部侍郎、提督学政朱公珪,允公九世孙生员昆泰、昆潮之请,补撰墓表,梁公同书书之,五十七年,郡守李公亨特勒之石,并跋其后。

六贤祠,在府学之东罗门侧,祀明黄忠端公尊素、倪文贞公元璐、刘忠介公宗周、施忠愍公邦曜、周文忠公凤翔、祁忠敏公彪佳。康熙乙丑,学使王掞撤府,即倪文贞故圃建祠以祀。

《越中杂识》中关于补立墓碑的记载

说明:梁同书(1723—1815),钱塘人,字元颖,号山舟,清代书法家,工于楷、行书,晚年尤善蝇头小楷,与刘墉、王文治、翁方纲并称为"清代四大书法家"。

梁同书像

说明: 朱珪(1731—1807),字石君,号南崖,晚号盘陀老人。与其兄朱筠,时称"二朱",顺天大兴人。乾隆戊辰进士,官至体仁阁大学士,谥文正,著有《知足斋集》。

朱珪像

立碑励志抗日

1937年冬,时任国民党第十集团军副总司令、第三战区第一游击区总指挥兼二十八军军长陶广奉命率部在钱塘江堵截攻陷杭州的日寇,战壕修筑完成之际访越中名胜,至兰亭洪溪拜谒王阳明墓,见墓地较为荒芜,即动兵整修墓道,并署名立碑,曰"破山中贼易,破心中贼难",以阳明心学激励抗日。

《轩卿随笔》(姚轩卿著)中关于陶广将军立碑励志抗日的记载

释读:"由兰亭东南行,经新桥,花阶,抵洪溪,经四里许,王阳明墓在焉。两山环抱,局势宏敞。墓前碑为民二十六冬,醴陵陶广军长所书。就中所引'破山中贼易,破心中贼难'二语,最为警策。盖抗战二年来,凡大场、钱公亭之失守,皆由心中贼为之祟也。近者当局励行国民公约,亦正为此。适有石础五,余与朱奇生、周有之、石雪岑、王自治四先生分坐之。而华正浩教官,率百余同学,高唱'大刀歌'而至。一堂师生,高山仰止,大有当仁不让之意。未几风势转紧,山雨欲来,余等五人先离山而下,回顾之,见同学列坐烟雨中,教官正施其训话也。"

说明:姚轩卿(1882—1948),浙江诸暨人,曾任教省立五中、越光中学、复旦大学等。其随笔大多写于抗战期间,以读书心得为多,其中更以民族正气和爱国情操贯穿始终,编著有《轩卿随笔》(许孔时、姚越秀编注。陈桥驿作序)等。

释读:"丁丑(公元1937年)冬,倭寇陷杭州,余率部防堵钱塘江。沟垒既成,乘间,访越中诸胜。至于洪溪,谒王文成公墓,蔓草荒烟,碑碣斑剥,余为之抚。然先生有言曰:'破山中贼易,破心中贼难。'尝服膺斯语,为立己治身之圭臬。今寇氛日亟,追怀昔贤……最后,以'亦以励来者之观感云尔'结尾,署名为'湖南醴陵陶广'。"

四,为了进一步考证王阳明墓地,笔者访问了73岁的王阳明族裔王诗彦。据他提供的一些情况来看,王阳明墓确实在花街,但为什么又有洪溪之称?他也茫然。据他追忆,抗日战争初期,有个国民党将领叫陶广的带兵退守钱塘江,曾去花街参拜王阳明墓,并撰文立碑。王诗彦还清楚地记得前段碑文:"丁丑冬倭寇陷杭州余率部防堵钱塘江沟垒既成乘间访越中诸胜至于洪溪谒王文成公墓蔓草荒烟碑碣斑剥余为之抚然先生有言曰破山中贼易破心中贼难尝服膺斯语为立己治身之圭臬今寇氛日亟追怀昔贤……"最后以"亦以励来者之观感云尔"结尾,署名为"湖南醴陵陶广"。(编者按:陶广其人曾任国民党第三战区某集团军正、副总司令。"皖南事变"后积极参加反共战争,是国民党顽固派。)

《浙江师范学院学报——阳明墓地考》中有关陶广将军立碑的记载

说明:民国二十六年(1937),时任国民党第十集团军副总司令、第三战区第一游击区总指挥兼二十八军长陶广驻扎绍兴,拜谒王阳明墓时见墓地荒芜,即动兵整修墓道,并署名立碑,以阳明心学激励抗日。

永世缅怀

王阳明，心学集大成者。其心学思想影响深远，甚至对东亚、东南亚等地也产生了巨大影响。尤其是近现代以来，研究阳明心学的人很多，祭祀阳明的活动较为频繁。1939年3月，周恩来于百忙之中由兰亭至王阳明墓拜祭。1986年，著名哲学家张岱年、冯契、沈善洪等到阳明墓拜谒。1988—1989年，绍兴县人民政府和日本九州大学冈田武彦教授等日本友人对荒芜的王阳明墓进行了大规模的重修。2018年6月18日，第二届中国阳明心学高峰论坛闭幕式在绍兴举行，大会决定该论坛活动长久落户绍兴。从此，祭祀王阳明，缅怀阳明先生走向了新的历史起点。

日本友人拜谒王阳明墓

　　说明：日本近代文学界颇具代表性的学者诸桥撤次摄于1921年7月3日。

说明:据中共绍兴县委党史资料征集研究委员会编的《越都风云录》(1989)之《周恩来同志在故乡绍兴的三昼夜》记载,1939 年 3 月 31 日早晨,百忙中的周恩来,曾经到过阳明墓。

《越都风云录》(1989)中关于周恩来拜谒王阳明墓的记载

1986 年,日本教授冈田武彦祭拜王阳明墓

1986 年,著名哲学家张岱年、冯契、沈善洪考察阳明墓

日本友人捐助修复王阳明墓赠款仪式

说明:1987年11月,修复王阳明墓日方捐款仪式在浙江省社科院举行,参加者有时任绍兴县副县长、绍兴县文化局局长李月兔,浙江社科院院长王凤贤,日本九州大学教授冈田武彦、代表松威正威等。

1989年4月5日,王阳明墓修复落成典礼

冈田武彦先生在王阳明墓修复落成典礼上致辞

说明：1989年4月5日，日本九州大学教授冈田武彦先生在绍兴王阳明墓修复落成典礼上致辞。

中、日、美等大学的教授参加揭碑仪式合影

说明：1989年4月5日，中、日、美等大学的教授参加王阳明墓修复落成典礼揭碑仪式。

王阳明第十六世孙王诗棠祭祀王阳明

说明：1999 年 3 月 30 日至 4 月 2 日，纪念王阳明逝世 470 周年暨阳明学国际研讨会在绍兴举办，王阳明第十六世孙王诗棠（右二）祭祀王阳明。

2007 年，中、日、韩三国学者拜谒王阳明墓

2014 年祭祀王阳明

说明:2014 年 1 月 9 日,王阳明逝世 485 周年纪念活动在王阳明墓举行。

王阳明第十七世孙王叔铭(右三戴帽者)祭拜阳明墓

说明:2015 年 12 月,王阳明第十七世孙王叔铭率家族成员祭祀王阳明。

2016年祭祀王阳明

　　说明：2016年10月15日，贵阳市"知行之旅·发现阳明"大型主题采访活动走进绍兴。绍兴市委宣传部举行了拜祭王阳明墓仪式，共同凭吊先贤大德。

绍兴举办首次王阳明祭祀大典

　　说明：2017年1月9日，王阳明先生逝世488周年纪念日，在墓地举行王阳明首次祭祀大典。祭祀大典由我国著名学者、中华孔子学会阳明学研究会会长董平主祭，祭祀典礼内容有恭读祭文、《吾心光明》祭诵、敬献鲜花、敬香、祭拜等。500多名各界人士自发赶来参加祭祀大典，王阳明第十八世孙王来云、王来芝也特地赶到现场为先祖献上贡果和鲜花。

2017 年,"天下同念" 王阳明墓拜谒典礼

说明:2017 年 10 月 30 日上午,国内外专家、学者及阳明学爱好者约 300 人赴阳明墓追思先贤、洗涤心灵,表达对王阳明的崇敬,进一步弘扬传统国学,增强文化自信。

2018 年祭祀王阳明

说明:2018 年 6 月 18 日,第二届中国阳明心学高峰论坛闭幕式在绍兴举行,与会嘉宾与代表拜谒王阳明墓。

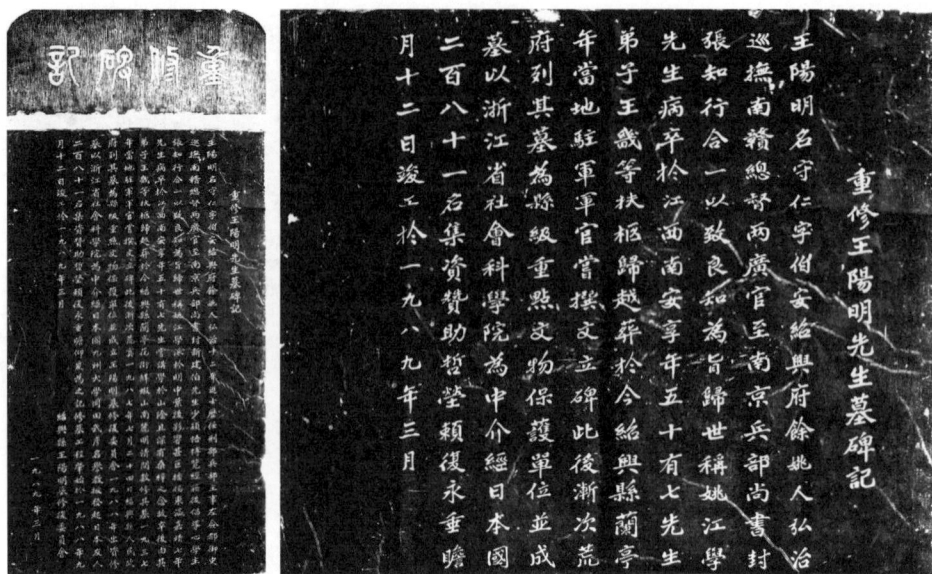

《重修王阳明先生墓碑记》拓片

碑记全文：王阳明，名守仁，字伯安，绍兴府余姚人。弘治十二年进士。历任刑部、兵部主事，左佥都御史，巡抚南赣，总督两广，官至南京兵部尚书，封新建伯。先生少颖悟，博览经籍，后倡导心学，主张"知行合一"，以"致良知"为旨归，世称"姚江学派"，于明中叶后，影响甚巨，播扬东瀛。嘉靖七年，先生病卒于江西南安，享年五十有七。先生尝讲学于山阴，且深有桑梓之念，故卒后，由其弟子王畿等扶柩归越，葬于今绍兴县兰亭花街鲜虾山南麓，明清间数修其墓。一九三七年，当地驻军军官尝撰文立碑，此后渐次荒寞。一九八七年七月二十四日，绍兴县人民政府列其墓为县级重点文物保护单位，并成立王阳明墓修复委员会。一九八八年出资修墓，以浙江省社会科学院为中介，经日本国九州大学冈田武彦名誉教授发起，日本友人二百八十一名集资赞助，哲莹赖复，永垂瞻仰。爰为之记。修墓工程肇始于一九八八年九月十二日，竣工于一九八九年三月。

绍兴县王阳明墓修复委员会
一九八九年三月

修墓大事记

嘉靖七年(1528)戊子十一月二十九日辰时,王阳明去世,归葬绍兴兰亭洪溪,墓由其门人李琪等筑治月余即成。

隆庆元年(1567)明穆宗继位,王阳明获平反,以"兴祭七坛"之等级扩建阳明墓。阳明墓之规模由此奠定。

康熙五十四年(1715),绍兴知府俞卿竭尽全力肃清豪门大族侵占先生墓之状况,亲力亲为,阳明墓地终得以保全重修。

乾隆十六年(1751),乾隆皇帝南巡,至绍兴派遣胡宝瑔祭祀阳明先生,并御笔赐额"名世真才"。 乾隆三十八年(1773),"名世真才"由阳明祠额临摹复制为阳明墓碑石,原碑今不存。

乾隆五十二年(1787),阳明墓"名世真才"碑石岁久无存,阳明后代昆泰、昆潮等请补文以揭之。至乾隆五十七年(1792),由绍兴知府李亨特立石,提督浙江学政朱珪补撰阳明先生墓碑。

民国二十六年(1937),时任国民党第十集团军副总司令、第三战区第一游击区总指挥兼二十八军军长陶广驻扎绍兴,拜谒王阳明墓时见墓地荒芜,即动兵整修墓道,并署名立碑。

1980 年 7 月 24 日,王阳明墓被绍兴县人民政府公布为第一批绍兴县重点文物保护单位。

1987 年,绍兴县成立王阳明墓修复委员会。

1988 年 9 月,绍兴县人民政府动工修复王阳明墓。绍兴县人民政府拨款 20 万元,日本九州大学冈田武彦教授发起 281 名日本友人集资 8.7 万元,用于墓地修复保护工作。1989 年 3 月,修复工程全面竣工,墓道前立《重修王阳明先生墓碑记》以记之。

1989 年 4 月 5 日,重修王阳明墓揭碑仪式在鲜虾山王阳明墓地举行。

　　1989 年 12 月 12 日,浙江省人民政府公布王守仁墓为第五批省级重点文物保护单位。

　　2006 年 5 月 25 日,王阳明墓与余姚王阳明故居联合公布为第六批全国重点文物保护单位。

　　2006 年 8 月—2007 年 1 月,绍兴县人民政府拨款 20 余万元,由绍兴县文物部门负责对王阳明墓进行整修。

　　2015—2018 年,绍兴市柯桥区委区政府投资 3.5 亿元,对王阳明墓地环境进行了全面整治、提升。

第四部分　知行合一　修身为官

党的十八大以来，以习近平同志为核心的党中央坚定不移推进全面从严治党，党内政治生态展现新气象，反腐败斗争取得压倒性胜利，全面从严治党取得重大成果。十九届中央纪委三次全会上，习近平总书记强调，领导干部特别是高级干部必须从知行合一的角度审视自己、要求自己、检查自己。

"知行合一"是阳明心学的核心，集中体现了王阳明心系苍生、悲悯天下、严于律己、勤于修身、清廉为官的思想与实践。"致良知""心即理""吾性自足"等命题，强调的都是道德自律，他认为为官应加强自身修养，培育政治良知，破除"心中贼"。

党的十九大报告指出，要"深入挖掘中华优秀传统文化蕴含的思想观念、人文精神、道德规范，结合时代要求继承创新，让中华文化展现出永久魅力和时代风采"。传承学习王阳明的廉政思想，回顾他的知行实践，将"重人格淡名利"的优秀品格作为自我修身的"镜子"，有助于当代人特别是党员干部从思想上预防腐败，自我约束、奉公守法，推动全面从严治党、清廉社会建设向纵深发展。

王守仁始以直节著。

——张廷玉评价王阳明

王阳明可谓震霆启寐，烈耀破迷，自孔孟以来，未有若此深切著明者也。

——黄宗羲评价王阳明

守仁勋业气节，卓然见诸施行，而为文博大昌达，诗亦秀逸有致,不独事功可称,其文章自足传世也。

——纪昀评价王阳明

阳明先生,百世之师。

——梁启超评价王阳明

任职都察

明代建立了比较特殊的巡抚职官制度(类似于监察、巡视制度)。到抚治地任职的巡抚都带着朝廷中央部院的官衔,如都察院左、右副都御史或左、右佥都御史,职责是代天子巡视,对地方官员进行考察。王阳明曾三次任都察院的职务巡抚地方。第一次是正德十一年(1516),王阳明出任右佥都御史,应诏巡抚南安、赣州、汀州、漳州、南雄、韶州、惠州、潮州及郴州,开始监察执法反腐治乱的实践。第二次是正德十三年(1518),王阳明升任右副都御史。第三次是嘉靖六年(1527),王阳明以南京兵部尚书兼都察院左都御史,总督两广。都察院的最高官职就是左、右都御史。

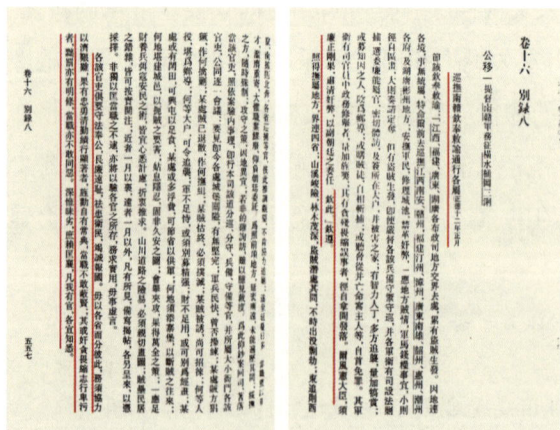

《王阳明全集》中有关《巡抚南赣钦奉敕谕通行各属》的记载

说明:王阳明对巡抚地官员的第一份文件《巡抚南赣钦奉敕谕通行各属》,就提出了反腐的要求。

《明史》中关于王阳明任职右金都御史的记载

《明史》中关于王阳明任职右副都御史的记载

修身明德

王阳明提出"一念发动处即是行",将心中萌发的意念看作"行动"。知行合一就是针对只说不做、空谈误国的社会风气。他追求透明本心,胸中洒脱,德行高尚,对自己的"一念之动"进行深刻反思,才能时刻保持"慎独"。

说明: 王阳明在给弟子王嘉秀的信里谈到"无我"。"无我"即无私,这是"仁"的实质。王阳明认为,圣人必须以"无我"为本。从学的角度,"无我"意在不持一己之见、不执功名之利。学习,纯粹为完善自己、提升自己,从而放下了"我"。

《年谱·书王嘉秀请益卷(甲戌)》中关于王阳明谈"无我"的记载

《年谱·寄诸弟书（戊寅）》中关于王阳明谈"改过"的记载

说明：王阳明在这封给妻侄诸阳伯的家书里谈到的是"改过"。他说人的本心都是透明良善的，没有人会不犯错。有了过错而不自知，不悔改，那才是大问题。改过就在一念之间。

《年谱·示弟立志说（乙亥）》中关于王阳明谈"立志"的记载

说明：王阳明在这封写给其弟守文的家书中，主要谈的是"立志"。他说，学习，没有比立志更重要的事。人不立志，就像种树不种树根，只去培育浇灌，最终劳苦无成。世人之所以不明是非、碌碌混沌，最后鄙陋卑下，是因为他们没有立志。要避免懒怠、轻忽、浮躁、嫉妒、愤恨、贪婪、骄傲、悭吝等的影响，凡有这些私欲萌生，就追问自己的志向，志向如果恒久，私欲就会消退，人就会神清气爽、理义昭彰。

勇于担当

王阳明为官期间严格履职、严明法纪,特别是从正德十一年(1516)任都察院右佥都御史到嘉靖六年(1527)任南京兵部尚书兼左都御史的十一年时间里,他不仅严格履行都察院的监察职责,直言上疏,还敢于担当,屡建奇功,采取了"优奖龙韬""选贤任能""招抚边民"等措施。

直言惹祸(连环画)

说明: 正德元年(1506),明武宗即位,宦官刘瑾专权,祸乱朝纲,排除异己,谋害忠臣。戴铣上书弹劾刘瑾,被打入大牢。王阳明仗义执言、冒死上疏《乞宥言官去权奸以章圣德疏》,被廷杖下狱,后被贬谪龙场。

优奖龙韬（连环画）

说明：明朝官员的薪酬收入很少，如果家资不厚，廉洁从事，则难以养家糊口，到退休则穷困潦倒。赣县致仕县丞龙韬一生"居官清谨"，待他退休，竟然"贫乏不能自存"。王阳明颁发"优奖致仕县丞龙韬牌"，给予其物质奖励，并要求赣县官吏每年探望资助，并号召官员"共敦廉让之风"。

选贤任能（连环画）

说明：在赣州府赈济石城县灾民时，王阳明要求石城知县选用"殷实忠信者"发放灾粮，还要求多位"公直廉明者"在旁纠察。他还主张用人之长、舍其短，提出"用人之仁，去其贪；用人之智，去其诈；用人之勇，去其怒"。

多次戡乱（连环画）

说明：正德十一年(1516)，王阳明奉命巡抚南、赣、汀、漳等地。这些地区的巨寇相互勾结，割据称王，攻略府县，骚扰百姓。在这种情形之下，王阳明担起重任，仅用了一年多就剿灭了盗贼。

招抚边民（连环画）

说明：嘉靖六年(1527)，广西思恩及田州瑶族、壮族等少数民族，在他们的首领卢荣、王受的带领下，起来反抗明王朝的统治。王阳明又一次奉命平定这些少数民族动乱。他经过调查，发现少数民族动乱是由地方官员欺压和当时的改土归流制度造成的。于是他定下了用招抚的办法来平定叛乱，"悉散遣诸军，留永顺、保靖土兵数千，解甲休息"。不用一兵一卒，他就解决了思恩、田州的问题。

政在亲民

王阳明指出,君子掌握权力也要遵守一定规则,其根本法则要以至诚之心为立德之本,也就是"为政以德""政在亲民"。《王阳明全集》中"行南昌府清查占夺民产""南赣乡约""南大吉问政"等记载均体现了此思想。

名言警句

君子之政,不必专于法,要在宜于人。

君子之致权也有道,本之至诚以立其德。

说明:立政治民,不必完全依靠严法,最关键是要有道德高尚的人来执政。王阳明在任庐陵知县期间,派遣医生行医,设立避火巷,杜绝横征暴敛,加强社会治安,减轻赋税,赢得了民心。

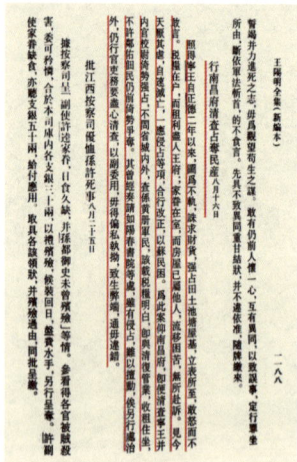

《王阳明全集》中有关王阳明"行南昌府清查占夺民产"的记载

说明:在平定宁王叛乱之后,王阳明迅速组织生产、恢复民力,把宁王巧取豪夺、侵占的百姓田产房契悉数归还主人。其余以时价变卖入库。

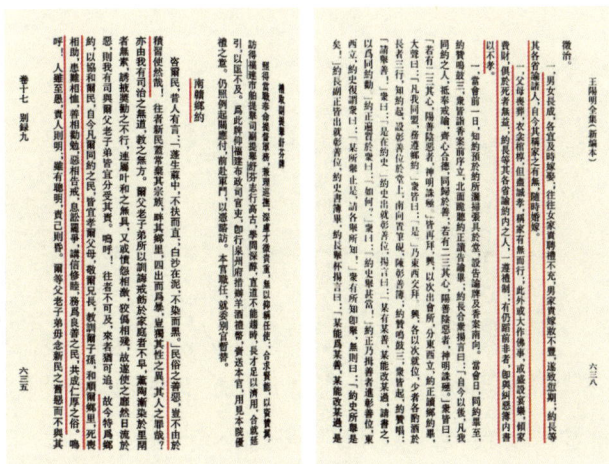

《王阳明全集》中有关"南赣乡约"的记载

说明：明正德十二年(1517)，王阳明出任南赣巡抚。正德十五年(1520)，王阳明颁布"南赣乡约"，在江西南部农村推行。规定了乡村民众需要遵守的道德公约，发挥了村民自治的作用。

说明：南大吉(1487—1541)，字元善，号瑞泉，明代渭南(今陕西渭南)人，为王阳明弟子。1523年任绍兴太守。在任期间，浚郡河，开上灶溪，筑坡塘，修禹庙，立大禹陵碑，题写"大禹陵"三字，兴建碑亭，建稽山书院，创尊经阁，刻《传习录》，后因触动豪强利益，遭诬陷诽谤以致罢官。南大吉是绍兴历史上著名的清官。其曾问政王阳明，先生为其点拨为政之根本。南大吉遂将府署莅政之堂命名为"亲民堂"。

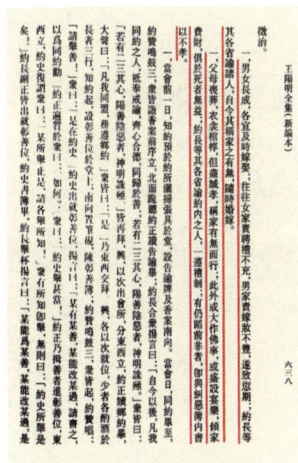

《王阳明全集·亲民堂记》中有关"南大吉问政"的记载

结束语

王阳明与孔子、孟子、朱熹并称为孔、孟、朱、王。在他一生里，成就了立德、立言、立功的不朽传奇。他的心学是明代影响最大的哲学思想，传至日本、朝鲜半岛以及东南亚等地，至今仍影响巨大。

中国近代地理学和气象学的奠基者、曾担任浙江大学校长的竺可桢继承王阳明"君子之学，岂有心于同异，惟其是而已。吾于象山之学有同者，非是苟同；其异者，自不掩其为异。吾于晦庵之论有异者，非是求异，其同者自不害其为同也"的科学精神，并发展成为浙江大学"求是"校训，提倡"只问是非，不计利害"的治学精神。

中国近代教育家、革命家、政治家蔡元培提出"艺术者，超于利害生死之上，而自成兴趣。故欲养成高尚、勇敢与舍己为群之思想者，非艺术不为功"，其充满务实创新精神的实践品格，与阳明心学倡导的"知行合一"思想一脉相承。

中国现代思想家、诗人、国学大师马一浮在阳明洞前曾赋诗"土苴治世心传少，海国求知缪种多""一语良知扶圣谛，三年静住得天和"，认为王阳明的一语良知即是治世之心传，而且是可以扶持圣人流传万世的真理。

著名学者杜维明断言，21世纪，是王阳明的世纪。在中华民族伟大复兴的当下，当我们走向"一带一路"，走出国门，走向世界的时候，传承和缅怀阳明先生，学习阳明心学智慧，影响深远，意义深长。

徐渭史迹陈列馆 04

概 述

　　他自言"几间东倒西歪屋，一个南腔北调人"。

　　黄宗羲赞他"光芒夜半惊鬼神"。

　　梅国桢赞他"病奇于人，人奇于诗，诗奇于字，字奇于文，文奇于画"。

　　袁宏道赞他"八法之散圣，字林之侠客"。

　　吴昌硕赞他"青藤画中圣，书法逾鲁公"。

第一部分 悲歌一生

徐渭(1521—1593),浙江绍兴府山阴县人(今浙江绍兴)。初字文清,后改字文长,号天池山人、青藤老人、青藤道士、金回山人、山阴布衣、田水月、天池渔隐等。明代杰出的文学家、书画家、戏曲家、军事家。

他才名早扬,却屡试不售。他做过胡宗宪数年幕僚,助其擒徐海,诱汪直;胡宗宪被陷害下狱后,徐渭在忧惧发狂下9次自杀却不死;后因杀继妻被下狱论死;被囚7年后,得张元忭等好友救免;此后南游金陵(今南京),北走上谷(今北京延庆区),纵观边塞,常感慨悲欢;晚年贫病交加,藏书数千卷也被变卖殆尽。

纵观徐渭的一生,是充满不幸的悲剧的一生。他在贫病交迫中离开这个世界,他离开时,甚至没有棺材,裹尸的竟是一把稻草。

说明:徐渭,明武宗正德十六年(1521)二月初四出生于一个趋向没落的大家族。其父徐鏓曾任夔州府同知。徐鏓晚年纳妾才生下徐渭。徐渭出生百日后,父便去世。徐渭年少时得不到生父母的疼爱,在家族中有寄人篱下之感。在世态炎凉中,他形成了既孤傲自赏又郁郁寡欢的性格。

徐渭自画像

徐渭画作《若耶溪畔人家》等

《年谱》中徐渭"从出生到而立"的记载

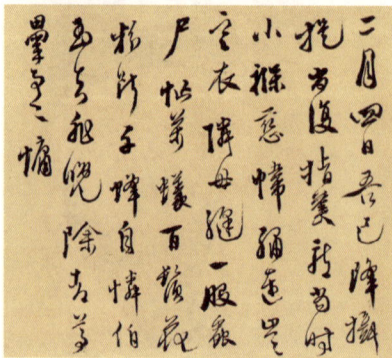

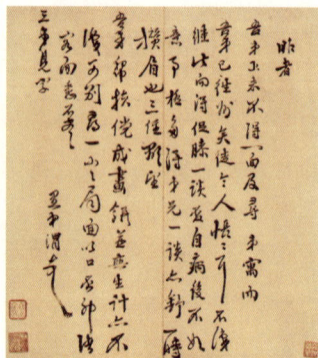

徐渭自书《春兴》回忆出生时的情景

说明：青藤书屋为徐渭故居，位于绍兴市越城区前观巷大乘弄，原名榴花书屋，为徐渭降生处。其父去世后，其在此生活至20岁。徐渭虽曾几度离开榴花书屋，但他一直对此地怀有深厚的感情，每以青藤、天池自号。嘉靖二十三年(1544)，徐渭兄长徐淮故世，榴花书屋从此出卖。崇祯末年，画家陈洪绶(老莲)迁居榴花书屋，因师承徐渭，首次题写"青藤书屋"匾额，并悬于墙上。因徐渭名作中有一幅《青藤书屋图》，从此榴花书屋便易名为"青藤书屋"。

徐渭名作《青藤书屋图》

《年谱》中徐渭"从而立不惑到知天命"的记载

奏拾肆立明代太子太保
加少保兵部尚书浙省总督
谥襄懋 胡宗宪

胡宗宪像

胡宗宪祠堂内景，据传门板上的雕花为徐渭所画

胡宗宪祠堂,位于安徽省绩溪县华阳镇龙川村

  说明: 明嘉靖三十七年(1558),徐渭成为时任直浙总督胡宗宪的幕僚,为其作"代进白鹿双表",获得皇帝欣赏而得到胡宗宪信任,并为剿灭东南沿海一带的倭寇立下了不少功绩。

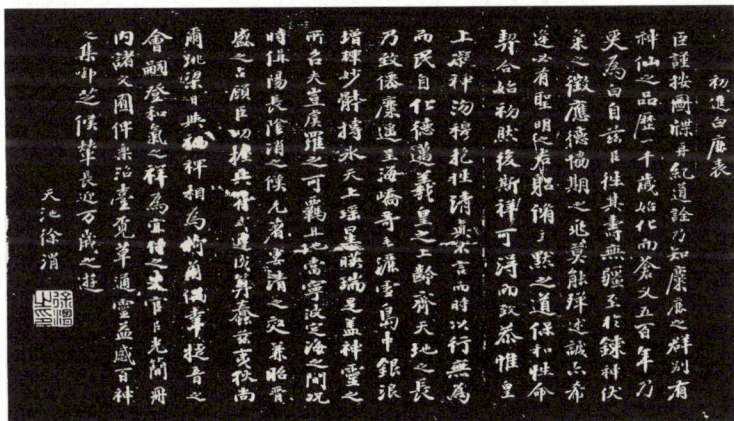

徐渭《初进白鹿表》

  说明: 徐渭成为胡宗宪的幕僚期间运筹帷幄,出奇计打败倭寇徐海等。后胡宗宪靠山严党赵文华死,严嵩失宠,胡宗宪地位岌岌可危。嘉靖三十七年(1558),就在胡宗宪绝望之际,于舟山捕获白鹿,徐渭为胡代撰《初进白鹿表》《再进白鹿表》等并献白鹿于朝中,受到皇帝赏识,视为祥物。胡宗宪由此获得了嘉靖皇帝的支持,保住了地位,继续抗倭大业。

徐渭《镇海楼记》

说明: 嘉靖三十九年(1560),胡宗宪重修杭州镇海楼。徐渭为之作《镇海楼记》。

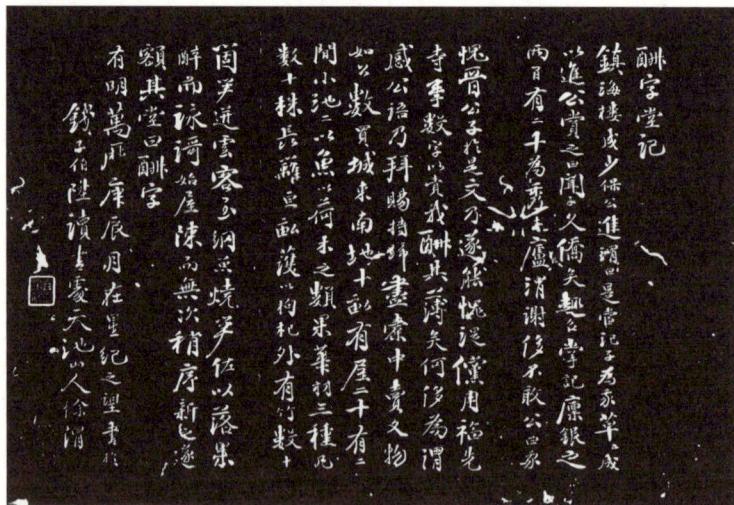

徐渭《酬字堂记》

说明: 徐渭创作的散文。文章叙述了酬字堂的由来等,表达了作者的感激与自负之情。酬字堂,徐渭绍兴居住的堂屋名。

从知天命到晚年

1573年（万历元年）53岁
万历皇帝改元大赦，徐渭在张天复、张元忭父子帮助下出狱。

1574年（万历二年）54岁
好友张天复去世，徐渭作《奠张太仆墓志铭》和《奠张太仆文》

1575年（万历三年）55岁
参加张元忭主持的《会稽县志》编修工作。

1576年（万历四年）56岁
应老同学吴兑招聘，前往宣化，作《杂花卷》，现藏上海博物馆。

1577年（万历五年）57岁
因身体原因，辞幕离开宣化，作《花卉（四时）卷》，同年返回绍兴，完成《四声猿》剧本。创作《花卉十六种》，现藏故宫博物院。

1580年（万历八年）60岁
应张元忭邀请，带次子徐枳前往北京，遇到李如松。前

1581年（万历九年）61岁
往军中视察北方边关形势。

1582年（万历十年）62岁
长子徐枚抱京将徐渭找回绍兴老家。

次子徐枳抱京将徐渭委任不可过于放任，徐渭心情抑郁，病复发。张元忭将徐渭委任不可过

1586年（万历十四年）66岁
徐渭的房屋被大雪压塌，因徐根将徐渭找到王家。

1589年（万历十七年）69岁
徐渭醉酒跌伤折骨，卧床不起。

1591年（万历十九年）71岁
作《墨花图》，现藏上海博物馆。作《杂画卷》，现藏故宫博物院。

1592年（万历十年）72岁
作《花卉图卷》，现藏上海博物院。作《花卉卷》，现藏故宫博物院。

1593年（万历二十一年）73岁
提及墓在花园中，徐渭在贫病交迫中，死前，徐渭写有《畸谱》，记述自己坎坷的人生经历。

《年谱》中徐渭"从知天命到晚年"的记载

《嘉庆山阴县志》中关于徐渭墓的记载

说明： 明万历二十一年(1593)，在贫病交迫中，一代大家徐渭悄然去世，葬于绍兴城南木栅山，即今柯桥区兰亭街道里木栅村姜婆山山麓。

徐渭墓

说明: 徐渭墓坐西北朝东南方向,平面呈方形,四周块石和条石错缝叠砌,上覆黄土。墓边长 2.6 米,高 1 余米。墓前竖立长方形墓碑一块,上刻"明徐文长先生墓"七字,为现代书法家沙孟海于 1989 年重书。据记载,明万历年间,著名文学家袁宏道曾为徐渭墓立碑一块,上刻有"明一代才子文长徐先生之墓"。清乾隆二十四年(1759),山阴知府万以敦,鉴于徐渭墓地已"片石未刻,更久将湮没",特立《天池先生墓表》石碑,记述徐渭生平事迹及文学艺术成就。乾隆六十年(1795),金石学家阮元出任浙江都督学政后,曾派会稽籍诗人陈鸿熙兄弟寻访徐渭墓地,设立标志,岁岁致祭。后清嘉庆、道光年间均有人对墓进行修缮、祭扫。

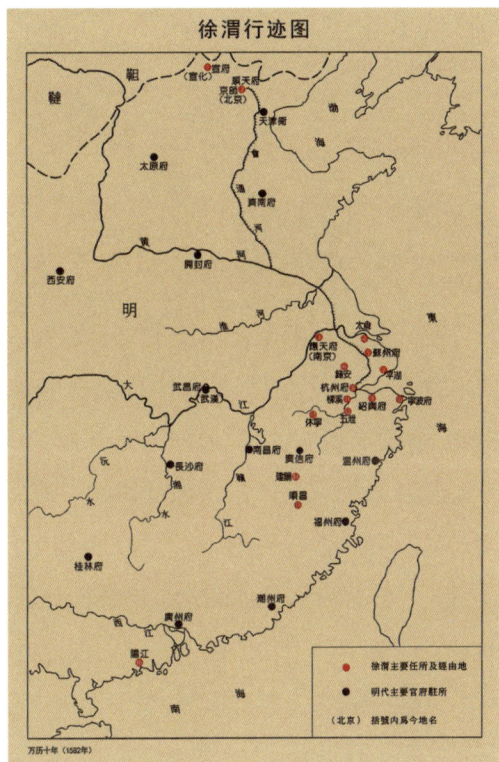

徐渭行迹图

说明: 徐渭一生颠沛流离,到过不少地方。嘉靖二十年(1541),21岁的徐渭随任典史的岳父潘克敬游宦广东阳江,协助办理文书。为参加乡试,曾往返于浙粤,途中,乘兴登南昌滕王阁。26岁时,妻潘氏得病早逝,人亡家破,功名不成,为谋生计,徐渭离乡背井来到太仓(今属江苏)。嘉靖三十三年(1554),倭寇进犯浙闽沿海,绍兴府成为烽火之地,徐渭先后参加了柯亭、皋埠、龛山等地的战役,并出谋划策。嘉靖三十七年(1558),徐渭充当浙闽总督胡宗宪幕僚,随总督府移居宁波、杭州、严州(今浙江建德)、崇安等地。胡宗宪遭陷害入狱,徐渭也因癫狂杀妻入狱,出狱后曾先后南游金陵(今南京),北走上谷(今北京延庆)。明万历五年(1577),受年轻时朋友、时担北部边防重任的吴兑邀请,北上,赴宣化府(今属河北张家口)充任文书。明神宗即位初年,徐渭赞赏阁臣张居正对蒙古"抚和"方针,其间过居庸关赴塞外,至辽东教人兵法。徐渭60岁时,应好友张元忭之招赴北京,但因性格格格不入居京3年后重归绍兴山阴,自此,再未出山阴半步。

第二部分 一代怪才

明代是中国书画艺术史的一个重要阶段，涌现出大批杰出的书画艺术家，徐渭则是其中极具代表性的一位。他在诗文、戏剧、书画等各方面都独树一帜，与解缙、杨慎并称"明代三才子"，对当世及后代产生了深远影响。他尤善行草，写过大量诗文，笔意奔放、情趣秀逸，被誉为"有明一代才子"；他的诗词创作奇异、意气豪达；他的文章，冲破陈习、狂放不羁；他的画，肆意激越、淋漓尽致，因其独树一帜，开青藤画派之先河，被后世推为鼻祖。他在戏曲上造诣极深，在创作上也有过杰出贡献，继唐宋艺术之精，开明清艺术之渊。

他自言："吾书首、诗二、文三、画四。"

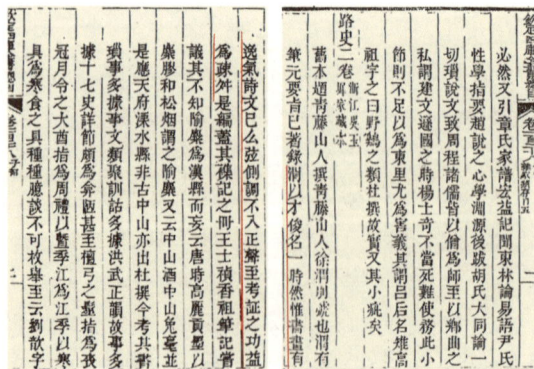

《续修四库全书》中对徐渭的评价

释读："渭以才俊名一时，然惟书画有逸气；诗文已么（幺）弦侧调，不入正声；至考证之功，益为疏舛。"

释读:"越之文士著名者,前惟陆务观最善,后则文长。"

说明: 陶望龄(1562—1609),字周望,号石篑,浙江会稽人。明万历探花、翰林院编修。编撰《徐文长集》及《徐文长传》。

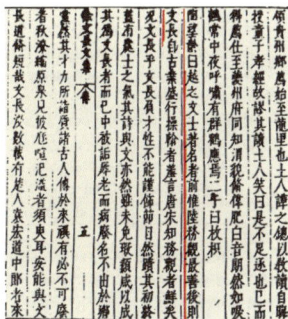

《续修四库全书·徐文长传》中关于陶望龄对徐渭的评价

释读:"有楚人袁宏道中郎者,来会稽于望龄斋中,见所刻初集,称为奇绝,谓'有明一人'。"

说明: 袁宏道(1568—1610),字中郎,号石公,湖北公安县人,万历19年(1591)进士,历任礼部主事,国字博士等职。明代文学流派"公安派"重要代表人物。

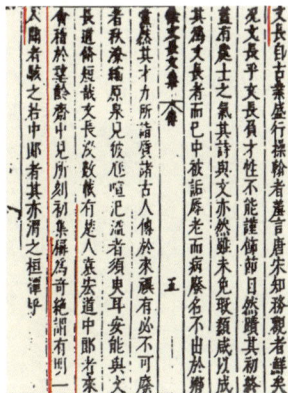

《续修四库全书·徐文长传》中关于袁宏道对徐渭的评价

释读:"墨沉余香剩,扫长笺、狂花扑水,破云堆岭。云尽花空无一物,荡荡银河泻影。又略点箕张鬼井,未敢披图容易玩,拨烟霞直上嵩华顶。与帝座,呼相近。"

说明: 郑燮(1693—1765),字克柔,号板桥,清代画家、文学家。汉族,江苏兴化人。康熙秀才,雍正举人,乾隆元年进士。一生主要客居扬州,以卖画为生。"扬州八怪"之一。其诗、书、画均旷世独立,世称"三绝",擅画兰、竹、石、松、菊等植物,其中画竹已50余年,成就最为突出。曾自称"青藤门下走狗"。

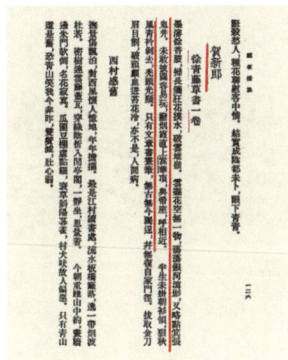

《郑板桥集·贺新郎》中对徐渭的评价

《齐白石研究之庚申日记》中齐白石对徐渭的评价

释读："青藤(徐渭)、雪个(朱耷)、大涤子(石涛)之画，能横涂纵抹，余心极服之，恨不生前三百年，或为诸君磨墨理纸。诸君不纳，余于门之外饿而不去，亦快事也。"

说明：齐白石(1864—1957)，原名纯芝，字渭青，号兰亭。后改名璜，字濒生，号白石、白石山翁、老萍、饿叟、借山吟馆主者、寄萍堂上老人、三百石印富翁，湖南湘潭人。近现代中国绘画大师，世界文化名人。擅画花鸟、虫鱼、山水、人物，笔墨雄浑滋润，色彩浓艳明快，造型简练生动，意境淳厚朴实。齐白石书工篆隶，取法于秦汉碑版，行书饶古拙之趣，篆刻自成一家，善写诗文。曾任中央美术学院名誉教授、中国美术家协会主席等职。

　　在书法方面，徐渭初学黄庭坚，晚年师米芾而更为放纵。他在书法艺术上强调表现自我的性情。他最擅长气势磅礴的狂草，用笔狼藉。他开启了"尚态"书风，把明代书法引向了新的高峰。

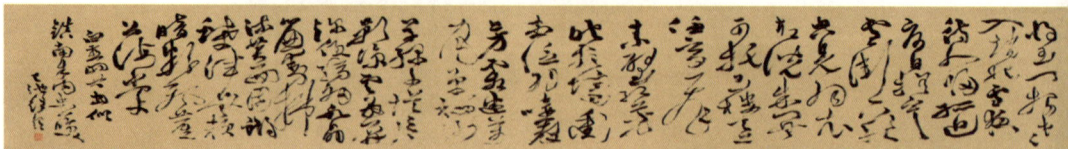

徐渭行草白燕诗（复制品）

　　释读："西风岁岁候青阳，花发名园何处藏。天子郊禖呈瑞色，主人台榭有辉光。轻翰掠雨绡初剪，小尾流风练愈长。万里东日看易没，海天元是白云乡。一时伴侣自应稀，海路空长遇亦非。汉将玉门投老入，赵妃雪夜待人归。孤回夏日摇寒雪，渐下秋空见羽衣。却说朱门无可托，

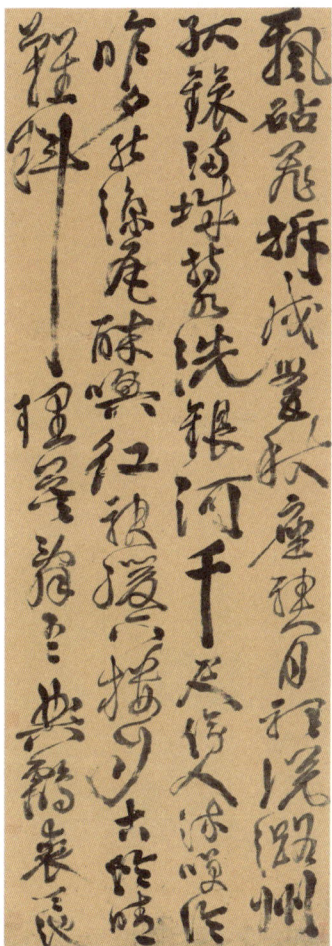

释读:"飘砧飞拆戍营秋,座神闲置说潞州。孤镮满城持水洗,银河千尺傍人流。笑论昨夕能凉瓦,醉唤红裙缓下楼。自古阴晴难预料,莫辞可可与鹈峑。天池。"

说明:徐渭传世作品最多,最能代表其书法风格,也最具个性特色的当属其行草书。观这两幅书法作品,运笔超脱,狂放不羁,气势雄健,情感激烈;字形则大小参差,或颠仆或偃仰;字或如狂,或如醉,皆出自然,焕然天成;笔画圆润遒劲,结体跌宕嬗变,达到了书写神韵之顶端。

徐渭行草《七律诗》(复制品)

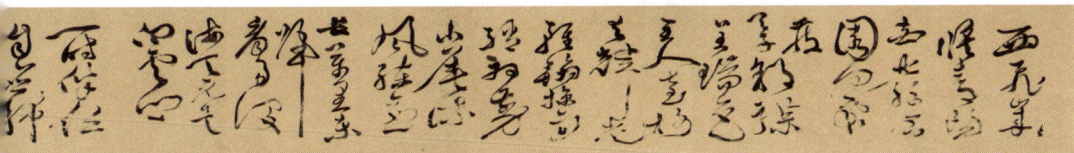

玉楼天上任高飞。素壁红芳照苑墙,冲花泛羽唼群芳。霜迷万瓦单栖渺,草绿千堤片影凉。云母屏深低缟袖,水晶帘动拂流黄。西园蝴蝶浑无赖,暗粉飘尘上海棠。白燕四首。书似镇南朱内史一笑。天池徐渭。"

　　在绘画方面，徐渭继承梁楷减笔和林良、沈周等的写意花卉画法，但又别开生面，自成一家。其花鸟画，兼收各家之长而不为所限，大胆变革，极具创造力；其写意画，无论是花卉还是花鸟，皆一挥而就，一切尽在似与不似之间。他融笔于画，书与画相得益彰。

徐渭《黄甲图》纸本　　　　　　　　徐渭《榴实图》纸本（复制品）

徐渭《驴背吟诗图》纸本　　徐渭《水墨牡丹图》纸本

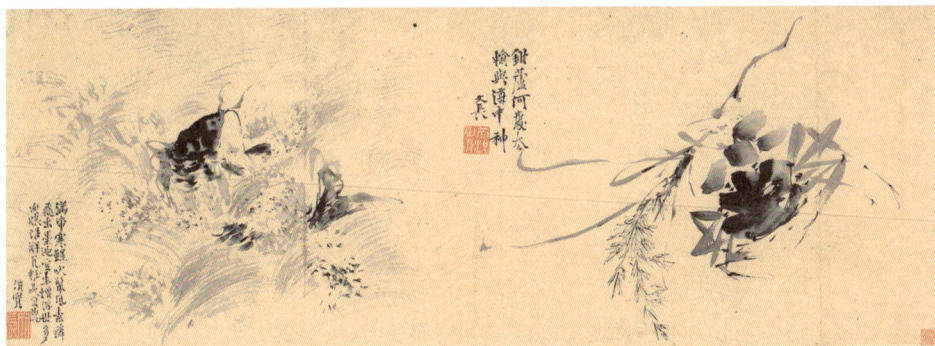

徐渭《蟹鱼图》纸本（复制品）

徐渭《渡海观音图》纸本　　徐渭《梅花蕉叶图》纸本

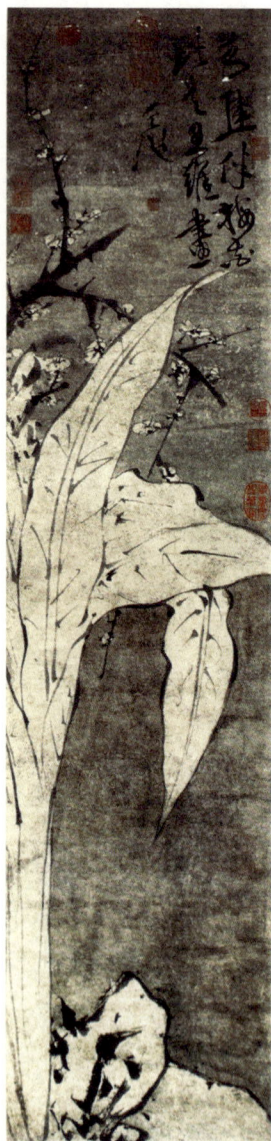

　　说明：徐渭开创了大写意画法，不但丰富了写意画的泼墨画法，并大量运用泼墨法，在墨色上也是对比夸张，章法起伏跌宕，并把芭蕉、石榴、螃蟹等意象引入画中，画意鲜活而奔放。如《黄甲图》，峭拔劲挺，生动地表现了螃蟹爬行、秋荷凋零的深秋之味。

"绍兴书画家"传承徐渭书画的创作作品（当代）

方本幼《溪居图》 2002 年画

蔡旺林、任在山、金履恒《徐渭遗风图》 2003 年画

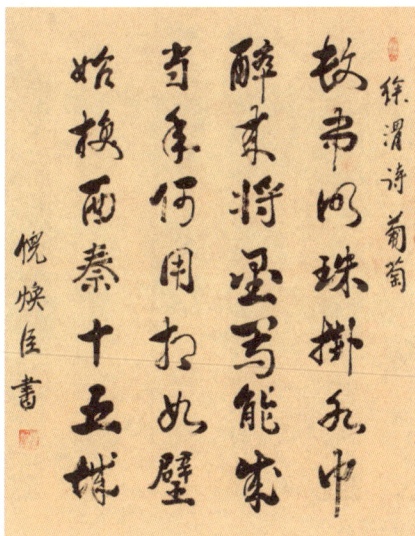

倪焕臣《徐渭诗葡萄》 2002 年书

洪忠良（北居）行书《八法散圣字林侠客》 2002 年书

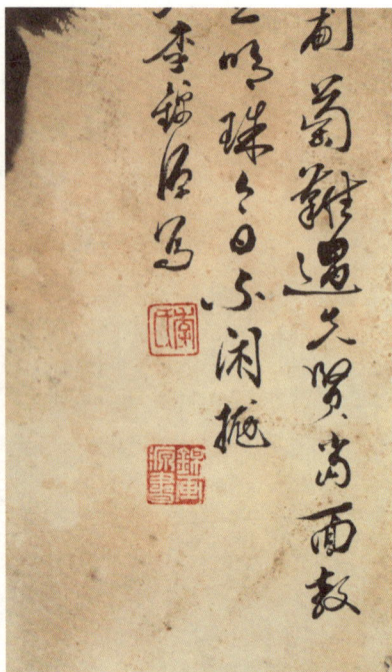

李锦源《葡萄图》 2002 年画

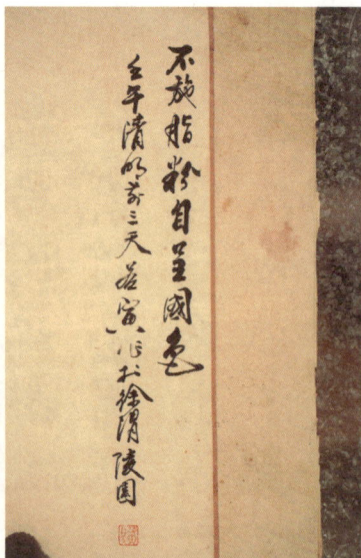

马若寅《不施脂粉自呈国色图》 2002 年画

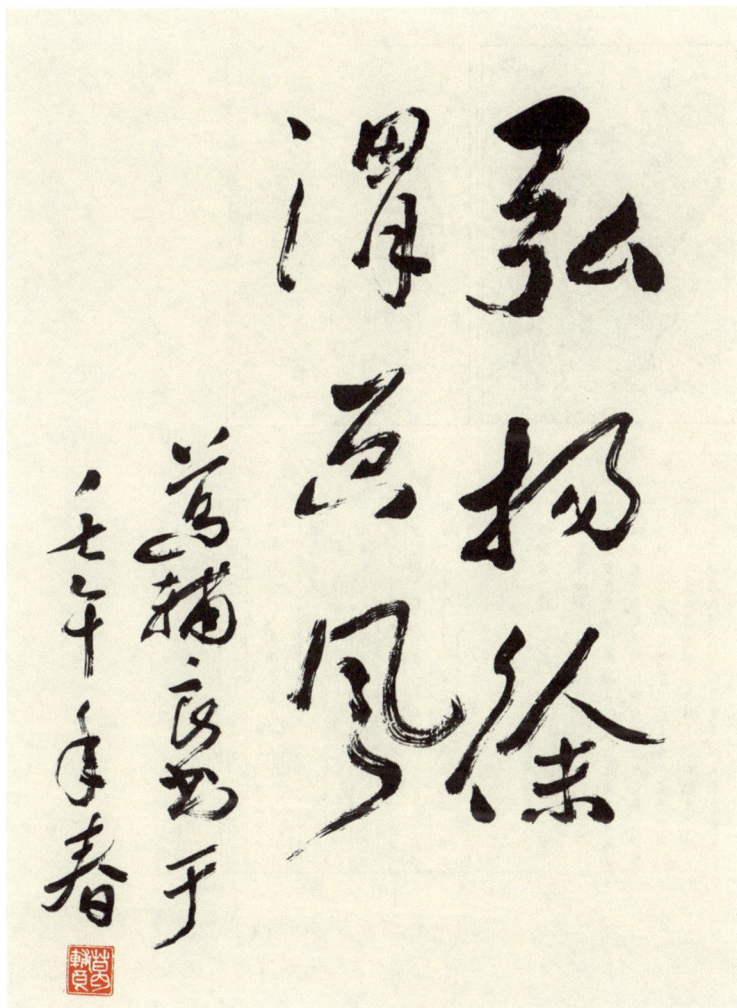

葛辅良行书《弘扬徐渭画风》 2002 年书

　　徐渭的诗歌创作，注重表达个人对社会生活的实际情感，风格略近李贺，问学盛唐，并杂取南朝，出入宋元，而终不失其自我。在戏剧创作方面，其有杂剧集《四声猿》《歌代啸》等，其中《四声猿》包括《狂鼓史渔阳三弄》《玉禅师翠乡一梦》《雌木兰替父从军》《女状元辞凰得凤》四出独立的戏。

说明：《四声猿》是徐渭创作的杂剧，包括《狂鼓史渔阳三弄》《玉禅师翠乡一梦》《雌木兰替父从军》《女状元辞凰得凤》四出独立的戏。《狂鼓史渔阳三弄》中三国时的祢衡死后在阴间骂曹操的情节，实际是借曹操来影射当时的奸相严嵩；《玉禅师翠乡一梦》揭露了当时官场与佛门的尔虞我诈和禁欲主义丧失人性的虚伪本质；《雌木兰替父从军》中木兰出征到凯旋、出嫁的情节都是作者的创造；《女状元辞凰得凤》刻画了才华出众的女状元黄崇嘏乔装男子，安邦定国，只因暴露女儿身，满腹才华葬送闺阁的艺术形象。

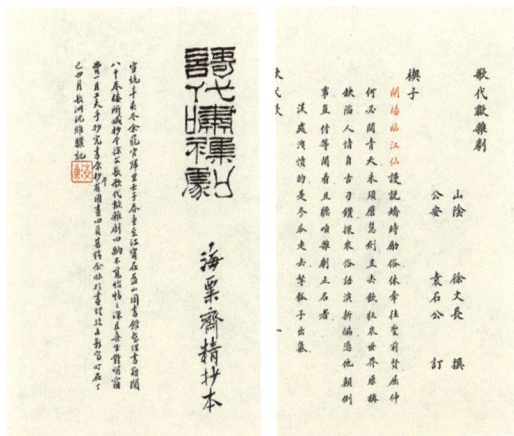

杂剧《歌代啸》

越中十子

姓名	身份
徐渭	思想家、文学家、书画家、军事家
萧勉	诗人
沈炼	官员、诗人
陈鹤	书画家、全能作家、官百户
杨珂	书法家、诗人
朱公节	官员、诗人
钱楩	哲学家、刑部郎中
柳文	官员、诗人
诸大绶	诗人、吏部侍郎
吕光升	诗人、书画家

说明：明嘉靖年间，徐渭与沈炼等号为"越中十大才子"，名震一时，徐渭为"十大才子"之首。

越中十子

徐渭《十贤集馔图》

　　说明:画中有10个文人,1个小童,为"越中十子"聚会宴饮。此画画于16世纪50年代,现藏于杭州黄宾虹纪念馆,是难得看到的徐渭的人物画。

　　说明:此画为万历三年(1575),徐渭55岁时所作,即其出狱后两年经杭州至南京拜谒明孝陵时所作。诗表达了一个穷困潦倒、白头落魄的书生对明太祖朱元璋的景仰,同时也发出了生不逢时的感慨。行书笔势相当圆浑沉着,纵横奔放,不拘法度,深得米芾、黄庭坚的笔意。在布局上行距较宽,字距较紧,显得气势连贯。上下留白也恰到好处,给人一种天高地阔的感觉。笔法上提按轻带,善用侧锋,提笔虽轻若游丝,却圆润遒劲,可谓细筋入骨。运笔变化多端,极富韵律。用墨枯湿浓淡,墨趣迭出。

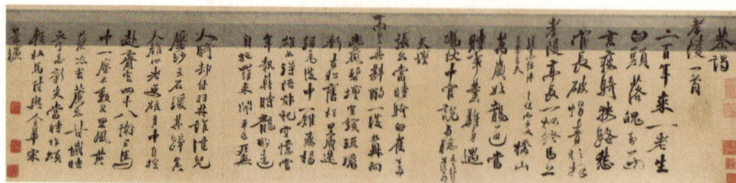

《恭谒孝陵》《天坛》诗作

海上曲

徐 渭

暇日弃筹策,卒卒相束手。

四疆险何限,但阻孤城守。

旷野独匪民,弃之如弃草。

城市有一夫,谁不如木偶?

长立睥睨间,尽日不得溲。

朝餐雪没胫,夜卧风吹肘。

彼亦何人斯,炙肉方进酒!

廿八日雪

徐 渭

生平见雪颠不歇,今来见雪愁欲绝。

昨朝被失一池绵,连夜足拳三尺铁。

杨柳未叶花已飞,造化弄水成冰丝。

此物何人不快意,其奈无貂作客儿。

太学一生索我句,飞书置酒鸡鸣处。

天寒地滑鞭者愁,宁知得去不得去?

不如着屐向西头,过桥转柱一高楼。

华亭有人住其上,我却十日九见投。

昨见帙中大可诧,古人绝交宁不罢。

谢榛既举为友朋,何事诗中显相骂?

乃知朱毂华裙子,鱼肉布衣无顾忌!

即令此辈忤谢榛,谢榛敢骂此辈未?

回首世事发指冠,令我不酒亦不寒。

须臾念歇无些事,日出冰消雪亦残。

第三部分 文长故事

　　"徐文长故事"是重要的机智人物故事之一,民间文学界素有"北有阿凡提,南有徐文长"之说。徐文长故事产生于明代中晚期,盛传于民国(20世纪20—30年代),如1924年7月周作人(笔名林念仁)的《徐文长故事》,1925年李小峰(笔名林兰)的《徐文长故事》,等等。这些故事以"聪明才智""幽默诙谐""惩恶扬善"为主线,以"爱国爱乡""亲近平民""蔑视权贵""惩罚贪恶"为核心,根植于民间,流传于民间。经过人们口耳相传,不断丰富,它也是越地民间文学生存和发展的缩影。

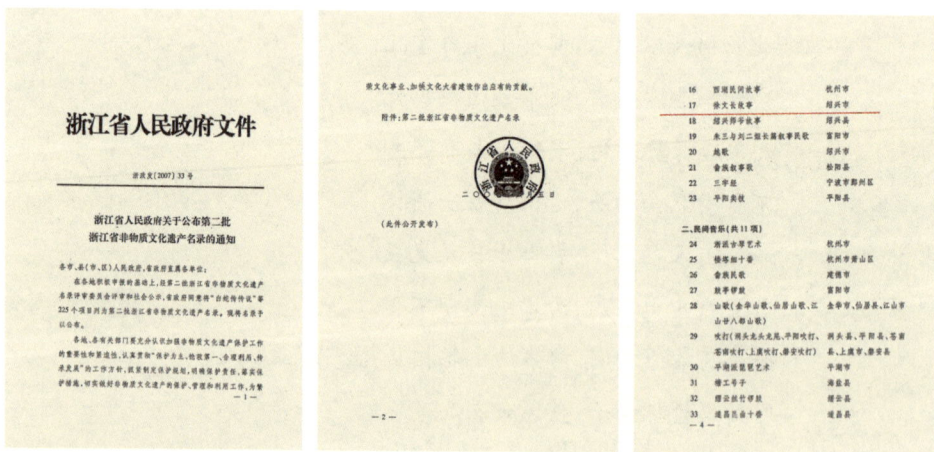

"徐文长故事"被列为省级非遗名录文件

说明: 有一年春天, 徐文长的伯父想试试孩子智力, 就拿了两个装了水的木桶, 把十来个年纪相仿的小孩子领到一座又矮又小的竹桥旁边, 说:"孩子们, 你们能把这两桶水拿过去吗? 要是谁能双脚不沾水把水桶拿过桥去, 我就送给他一包礼物。""好"! 孩子们一阵笑嚷, 但再看看这座桥——桥身很软, 贴近水面, 一个孩子只可拿三五斤东西, 才能勉强过桥, 否则, 桥身就会发软, 弯下去碰到水面。就在大家一筹莫展的时候, 有

竿上取物

个比较大的孩子站了出来, 莽莽撞撞地拿起两桶水走过去, 可是才走了几步, 鞋底就已沾着水了。别的孩子见了, 更加没了主意。徐文长见大家一声不响, 便走出来说:"既然大家都拿不过去, 就让我来试试吧!"他先拿一桶水放在水里, 见木桶没有下去, 于是又找来两条绳子, 让两桶水在水面上浮着, 边牵边走, 便轻轻巧巧地走到了河对岸。"好哇!"孩子们见徐文长过了桥, 个个拍手称好。他的伯父一边点头称赞, 一边把事先藏好的礼物取了出来。孩子们一看, 咦? 这包礼物不是拿在手中, 而是吊在一根长长的竹竿上面。伯父拿着竿子, 对徐文长说:"现在礼物就吊在上面, 你要拿, 须依我两桩事:第一, 不能把竹竿横放下来;第二, 不能垫着凳子拿。你如果能这样取下来, 这礼物就归你。"这时, 孩子们叽叽喳喳议论开了, 有几个甚至跳得很高很高, 但都够不着礼物。徐文长仔细想了想, 从伯父手中接过了竹竿, 把竹竿拿到了一口水井的旁边, 然后让竹竿竖直, 慢慢地从井口放下去, 当把竹竿放到和他身子一样高时, 便笑嘻嘻地把礼物取了下来。

游西湖吟诗惊太守

说明:徐文长十四岁时来到杭州。当时的杭州知府目中无人,他得知徐文长在杭州赋诗作画,颇受人们赞赏时,大为恼火,认为一个小毛孩竟敢在他的辖区内舞文弄墨,真是不知天高地厚,便派衙役将徐文长召来对句,威胁他说如对不上,就驱逐出城。徐文长镇定自若,满口答应。知府带徐文长到西湖边,指着六和塔,说出上联:六塔重重,四面七棱八角。徐文长没有开口,只是扬了扬手。知府以为他对不上,暗自高兴。他得意忘形地指着保俶塔,又出了个上联:保俶塔,塔顶尖,尖如笔,笔写四海。徐文长还是一言不发,而是用手指了指锦带桥,向知府拱拱手,然后,又两手平摊,往上一举。知府见徐文长还是没有回答,就神气十足地说:"连一句也对不出,还算什么神童!"立即下令把他赶出去。这时,徐文长却哈哈大笑:"下联早就对好了!"知府怒气冲冲地说:"你敢无理狡辩,愚弄本府?"徐文长解释说:"你是口出,我是手对。""手对,是什么意思?"知府追问道。徐文长答道:"对第一联扬了扬手,就是说'一掌平平,五指三长两短';对第二联拱拱手,两手平摊,往上一举,是说'锦带桥,桥洞圆,圆似镜,镜照九州'。"知府听了哑口无言,只好悻悻而去。

说明:原先绍兴分为山阴、会稽两县。这两个县紧紧相连,中间只隔一条分界河,叫作官河。分界河上横架着几座小桥,其中有一座叫利济桥。附近比较热闹,一直是两县百姓来往的交通要道。有一年夏天,利济桥上忽然发现了一具无名尸体,百姓告到官府,要求验尸埋葬。谁知两县知县推来推去互不负责,都说利济桥不是他们县的治下。这事很快传到了徐文长的耳朵里,他见两县知县如此不负责任,激于义愤,马上用大幅

山阴勿管 会稽勿收

红纸写了出卖分界河的招贴,张贴在利济桥头。这张奇怪的招贴一贴出来,就轰动了山阴、会稽两县。消息很快传到两县县官的耳朵里。他们想:谁敢出卖官河? 于是都好奇地来到了利济桥,仔细读了招贴,不禁勃然大怒,当即喝令拿徐文长来问罪。这时,利济桥旁看热闹的人越来越多。徐文长不慌不忙地从人群中走了出来,说:"不劳两位大人费心,生员早已在此等候多时了。"两个县官不约而同地责问道:"徐某,你身为秀才,理该知书达礼,为什么不好好攻读诗文,却在这里出卖官家的分界河,该当何罪?"徐文长理直气壮地回答道:"两位大人容禀,徐某见利济桥上曝尸多日,尸体发臭,虽然百姓早已告知官府,无奈至今山阴勿管,会稽勿收。我想既然此桥不属山阴、会稽两县大人管辖,那么桥下江河,理所当然也不属官府,不能称为官河。今日代为卖河,非为私利,为的是替死者筹措一点丧葬之费,收葬无名尸首,此乃地方公益,徐某何罪之有?"两个县官听他说得不卑不亢,句句是理,一时无言以对,但又不肯认输,眼睛一横正待发作,却见四周百姓都为徐文长抱不平。这两个县官怕事情闹大,就乘机推托道:"本县忙于公务,一时来迟,先生费心。"于是忙令地保收殓,埋葬了事。

三江题联

说明： 有一年秋天，绍兴乡下三江这个地方，造了座露天戏台，想请人写副对联。乡下人识字的不多，能写的多是士绅，他们摆架子，不肯给这座土戏台题字。大家商议了一下，只有请徐文长先生。

第二天天还没亮，两个农民就划乌篷船来到绍兴前观巷大乘庵，请徐文长。徐文长刚吃完早饭，见到乡下客人，听明来意后就答应了，并立身就走。坐着乌篷船到三江后，徐文长上岸看了看戏台装饰、台前场地，虽不富丽堂皇，但也别有味道。连连称赞："难得，难得！"然后他走近戏台，见两旁对联处已油漆完成，便吩咐把纸和笔拿来。只见他大笔一挥，一眨眼把一副对联写好了："盛盛盛盛盛盛盛，行行行行行行行。"

写好后，徐文长就叫大家把对联挂起来晾干。这时，围拢来看热闹的人越来越多，乡下识字的虽少，但也有几个认得字的。他们读了一遍，不禁"扑哧"一声笑了出来，然后好奇地问道："徐先生，你这副对联两边都是同样七个字，是啥意思？"

徐文长笑着解释说："众位乡亲，此对联两边的字虽然相同，然而读法却不大一样。'盛'和'行'字方言里都有两种读法，'盛'字可以读成'成'，也可以读成'场'；'行'字可以读成'引'，也可以读成'杭'。这副对联的意思要多读才能知道。诸位只要把右联一三五六字都读成'成'，把二四七字都读成'场'，把左联一三五六字都读成'引'，把二四七字都读成'杭'，那就能知道意思了。"

大家听罢，就依照他的话去读，果然就读成了："成场成场成成场，引杭引杭引引杭！"徐文长又叫大家读得快些，读得熟些，读得响些。这样一读大家终于发觉到了奥妙之处。原来上下联都是演戏时敲锣鼓的象声词和台下看戏的观众拥挤的声音。这副对联只用了两个字就把戏台上下的热闹情景生动逼真地写出来了。

说明:有一天清晨,徐文长的好朋友急匆匆地赶来,说听到风声,因徐文长写的文章冒犯了知府,知府准备派公差前来捉拿他。

徐文长听到这个消息,立即把心爱的画幅、试稿收藏好,锁上家里的大门,悄悄地避开了。徐文长刚刚离家,五名公差就已经拥到门前。差役们预料徐文长还没有离开多远,就带了绳索和竹棍紧紧追来。这时,徐文长已经穿过几条小弄,来到华严弄里。他头上冒汗,浑身

泰山石敢当

乏力,便脱去夏布长衫,准备坐下休息一会儿。忽然,后面传来一阵急促的脚步声,接着又有人喊:"一定是朝小路逃的,从这里追过去吧!"徐文长知道事情不妙,连忙又拐进了一条小弄堂,可已经来不及了。五个公差霎时就赶到他面前。

徐文长心里着急,猛抬头看到前面弄堂底竖立着一块"泰山石敢当"的石碑,灵机一动,连忙双手往背后一放停住脚步,凑上前去看这块石碑,边看边念道:秦、川、右、取、堂。秦——川——右——取——堂……"

那几个公差正准备上前捉拿,一听这人把"泰山石敢当"念成了"秦川右取堂",觉得不对头,立刻放下绳索和竹棍。原来他们都没见过徐文长,不知道他长啥样,一时都愣住了。这时,徐文长索性回过头来,笑嘻嘻地用拗声(绍兴人称北方人或外地人的话为"拗声")对那个公差问道:"伙计,我想找个人。听说此地有条'华严弄',你说在哪儿呀?"公差听了,更觉得不对头。看看这个陌生人长得额宽脸方,操着北方口音,又穿了一件短衫,全没有一点读书人的样子。这时,一个公差急躁地说:"走,这人是'白字先生',徐文长是秀才,笔墨很好,这个人连'泰山石敢当'几个字都不认识,根本不是。快走,快走。"另一个接口说:"哼,什么'秦川右取堂'!莫跟他说了。耽误了大事,你我都担当不起。走吧!"说罢,那五个公差拿起绳索和竹棍又匆匆地往前去了。

"呸,去追你的吧!"徐文长见公差走远了,便狠狠地吐了一口唾沫,又拐进另一条弄堂。

第四部分　徐渭与阳明心学

　　阳明学，又称王学、心学，作为儒学的一门学派，最早可追溯自孟子，是由王守仁发展而成的儒家学说。王守仁继承陆九渊强调"心即是理"之思想，反对程颐、朱熹通过万事万物追求"至理"的"格物致知"方法。提倡"致良知"，从自己内心中去寻找"理"，"理"全在人心，"理"化生宇宙天地万物，人秉其秀气，故人心自秉其精要。在知与行的关系上，强调要知，更要行，知中有行，行中有知，所谓"知行合一"，二者互为表里，不可分离，知必然要表现为行，不行则不能算真知。

　　徐渭把王阳明的"心学"称为"圣学"，把王阳明和孔子、周公相提并论。徐渭在《畸谱》中，把他一生所师事的人物列为"师类"，一共有五人。其中，季本、王畿和唐顺之，是活跃于当时的心学人物。徐渭与他们交往甚密。

王阳明像

《徐渭集·送王新建赴召序》中徐渭对王阳明的评价

释读:"孔子以圣道师天下……周公以圣道相天下……孔子殁而称素王,至于今,爵上公,官郎令博士者相望。周公生而封鲁,始自伯禽,终周之祚,世世食东土。彼两圣人者,若此其盛也。然孔子摄司寇,桓子尼之,周公既受封,二叔危之,两圣人者虽云盛矣,而其所以厄之者,不亦踵相因乎?我阳明先生之以圣学倡东南也,周公、孔子之道也。"

说明:徐渭为王阳明刚袭爵的儿子王正亿送行,将王阳明与孔子、周公相比以激励他。

说明:季本,浙江会稽人,是王阳明的嫡传弟子,徐渭的老师。是对徐渭影响最大的人。

季本像

《徐渭集·畸谱》中有关徐渭对季本的记录

《奉师季先生书》

《师长沙公行状》

说明： 文中季先生即季本。

《季彭山先生举乡贤呈》

《季先生入祠祭文》

说明： 徐渭《奉师季先生书》《师长沙公行状》《季彭山先生举乡贤呈》《季先生入祠祭文》等诗文，在经学、哲学、从政、为人等方面，对季本进行了高度评价。

说明:王畿(1498—1583),明代思想家,字汝中,号龙溪,浙江山阴人。师事王守仁。为王门七派中浙中派创始人,著有《龙溪全集》二十卷。

王畿像

释读:"精舍俯澄渊,孤亭一镜悬,觅心无处所,将洗落何边。"

说明:《洗心亭》表达了徐渭对王阳明和王畿的景仰之情和对心学思想的领悟。

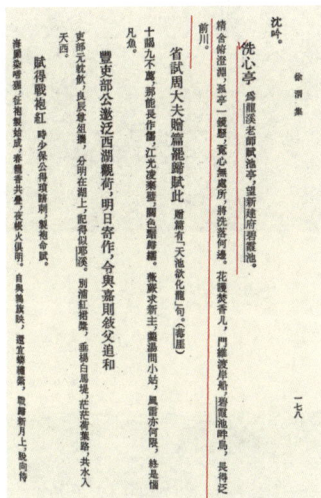

《徐渭集》之《洗心亭》

王畿撰《题徐大夫迁墓》铭文局部拓片

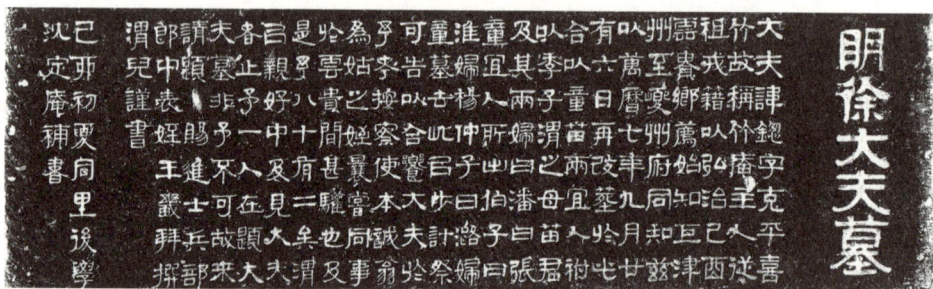

明徐大夫墓碑铭拓片

说明：王畿为徐渭父母的表侄，曾为徐渭墓碑撰文，现墓碑文字由绍兴著名书法家沈定庵老先生补书。

徐渭父母合葬墓

说明：该墓位于绍兴市柯桥区兰亭街道里木栅村姜婆山麓徐渭墓园内，在徐渭墓西南侧，其左边为徐渭二兄弟及兄嫂合葬墓。

徐渭兄嫂合葬墓

唐顺之像

说明：唐顺之(1507—1560)，明代儒学大师、军事家、散文家，抗倭英雄，字应德，一字义修，号荆川。武进（今江苏常州）人。是当时研究阳明心学比较活跃的人物之一，与徐渭交往甚密。

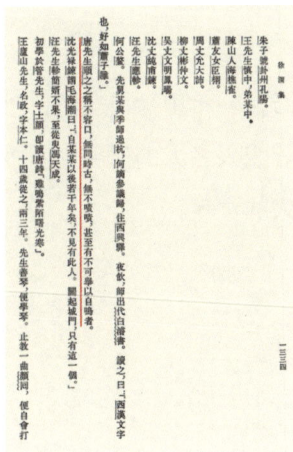

《徐渭集·畸谱》中徐渭对唐顺之先生的赞赏

结束语

徐渭，一生命途多舛。曲折的人生经历造就了其在书画、文学、戏剧、军事等方面独特的才华，令后人推崇、敬仰。

徐渭，明代泼墨大写意画的开山鼻祖。其冲破了前人因袭的种种藩篱，彻底抛弃传统工笔技法的约束，以一种狂飙突进的姿态将花鸟画的抽象境界提升到一个前所未有的高度，开启和引领了晚明"尚态"书风。此一代画风深刻影响了朱耷、石涛、板桥，余波远至齐白石、潘天寿和李苦禅。

徐渭，戏曲造诣极深。其吸纳南曲、北杂之长，打破了杂剧固定的格式，为戏剧形式上的多样化开拓了门津。

徐渭，愤世嫉俗，刚正不阿。民间流传着许多其同情疾苦、蔑视权贵、惩罚贪恶的"文长故事"，是越地民间文学生存和发展的缩影。

绍兴素有"名士之乡"的美誉，有效挖掘好名人文化，势在必行。希望徐渭史迹陈列馆的开放，能进一步唤起大家对徐渭等绍兴名人的研究、挖掘和传承，为绍兴经济、社会发展做出更大的贡献。

后 记

　　经过多年努力,《见证——柯桥历史文化陈列选萃》终整理既竟,行将付梓,内心感慨万千。

　　1994 年 8 月,怀着对先人的敬仰和对文物的敬畏,我从大学毕业来到昔日绍兴县文物保护管理所工作,一晃 27 年。在近 30 年文物工作中,我有幸参加了安昌后白洋、宋六陵、印山越国王陵及平水、富盛、皋埠等地的重要考古发掘,参加了绍兴越国文化博物馆、浙东运河古纤道遗产展示馆等多处展陈方案的编写与布展,参加了 2007—2008 年绍兴县第三次全国文物普查和大运河绍兴段、绍兴会稽山古香榧群申遗工作,参加了印山越国王陵、柯岩造像及摩崖题刻、舜王庙、羊山造像及摩崖石刻(含石佛寺)等国保、省保单位的修缮保护与利用工作,等等。这一段段经历,让我积累和沉淀了丰富的文博知识,使我深深地爱上了文物事业,也激励着我心有底气地承担了一项又一项重要的文化陈列方案编写任务。虽偶尔身感疲惫,遇到些曲折,甚至有些委屈,但每当成果展现时,这些都被抛在了脑后。

　　《见证——柯桥历史文化陈列选萃》一书凝结了我多年文物工作的心血,是我至今完成的众多陈列方案中较精华的部分,具有浓郁的地域特色。文本中四个展陈方案的编撰任务,大多是与时间赛跑,让我屡次超越自我。特别是"浙东运河古纤道遗产展示馆"和"阳明园文化陈列馆",从收集资料、成稿、论证、定稿,到最后陈列布展,都不到半年时间。但我和一起承担工作任务的同志们迎难而上、风雨兼程,最终出色完成了既定任务,顺利地通过了大运河国际专家考评组的考评,确保了"第二届中国阳明心学高峰论坛闭幕式"举行时如约迎客。

"文物的事,既是一种工作,更是一种事业,而且是一种传之后人、藏之名山的重要事业。"(陈桥驿语)能在盛世从事文物工作,我深感幸运。

感谢柯桥区文化广电旅游局和柯桥区文化发展中心在落实重要历史文化陈列方案编撰、展陈任务时对我的信任,给予我展现的平台和丰富人生阅历的机会。

光阴荏苒,岁月回眸。有时间静下心来去做一些有意义的事,间以总结、思考,其实是一种收获,也是一种幸福。

书籍出版之际,特别感谢中国著名考古学家、北京大学考古文博学院徐天进教授为本书封面题签。特别感谢柯桥区人民政府祝静芝副区长在百忙之中为书作序。感谢柯桥区文化发展中心季承人主任多年来对我文物工作的支持,感谢一起参加展陈工作的朱佩雯、周红燕、姚剑敏、虞智明、孟青青等同事,感谢我的大学老师张炎兴教授屡次对方案拨冗指正,感谢钱明、杨乃燕等老师及娄国海先生提供珍贵照片,感谢在文稿审阅时方俞明老师、秦绍波先生、成红娟女士的辛勤付出,感谢所有关心、支持、帮助本书出版的朋友们。正是大家的共同努力,才使此书得以问世。

限于水平,书中难免有疏漏、不当之处,敬请方家和读者朋友批评指正。

汪永祥

2020 年 5 月于清隐斋